再婚
Remarriage

Marilyn Ihinger-Tallman & *Kay Pasley*／著

郭靜晃／主編
王慧玲／譯

序

本書旨在盡可能傳達有關再婚及繼養家庭方面之既有資料。由於再婚與繼養家庭方面的問題直到最近才吸引研究家庭問題方面學者的注意，此一領域還相當新穎，因此在資料收集上會比選擇與家庭相關的其他主題來得困難。

1960年代中葉，離婚率開始提高時（目前仍無下降趨勢），伴隨的另一現象是再婚率也相當高。再婚時如果雙方都沒有孩子，其婚姻體驗也許和初次結婚的新人相差無幾。然而，多數再婚的人都會由前次婚姻中帶一個或一個以上的孩子到新的婚姻生活中來。這類配偶所面對的一種獨特挑戰是，必須將雙方之前的一次或多次生活體驗與這次的新生活融合出一個「新家庭」。不論是成人或孩子都會將在其他家庭「文化」中養成的習慣或者是既有的記憶、對新家庭的期待，帶到繼養家庭中來。這些因素都可能延緩對新家庭的認同及融合。同時，孩子還可能抗拒成爲新家庭的一員，而渴望回到舊關係中。

對多數再婚家庭而言，建立新而穩定的家庭實在困難重重。這點，從高達60%的再離婚率即可見一斑——其比率比初婚者的50%離婚率略高（Glick, 1984）。隨後的章節會進一步指出再婚與初婚在許多面向的差異。本書的重點雖然放在再婚問題上，亦試圖關注再婚與繼養家庭生活中的調適過程及力量泉源。

本書的架構如下：以一簡短章節著墨於造成再婚（或多婚）與初婚間差異的主要因素（feathers）。第二章，追溯當代與早期之再婚情況有何差異，並列出男性與女性、黑人與白人、以及不同教育層級與收入者間之再婚率。第三章界定多項與再婚相關之重要的家庭進程，並解釋爲何該類過程在再婚關係中會變得較爲複雜，以及詳細分析多種已界定之再婚「型態」。第四章檢視再婚後共同生活的成果（effect），比較初婚與再婚者對婚姻生活的滿意度，以及再婚者在融合兩個家庭時所遇到的困擾。第五章敍述在再婚配偶中之一方或雙方將子女帶入新家庭的情況下，所可能產生的問題，以及對新家庭的滿意度。本章亦探討再婚與繼養家庭生活對孩童發展的影響。第六章考量的是繼父母與子女，以及繼養關係造成之兄弟姊妹間關係所產生問題的本質，同時亦探討繼養家庭生活對朋友及從而衍生之對親族關係間的影響。第七章檢視給再婚者的建議。該章討論如何促進繼養家庭生活的發展，並檢討公共福利議題。最後一章得視爲附錄，其重點在研究及強調爲什麼需小心解讀早期對再婚與繼父母專題所作的研究。以及學者在研究此一議題時在方法學上所遇之特殊問題。

每章最後都附有數道問題討論（discussion questions），及供進一步研讀（further reading）之建議。提出的問題旨在期望讀者跳脫本書特定內容來思考問題。相關的研讀則可以就讀者對該章之興趣所在作更廣泛的涉獵。該類研讀包括：再婚與繼養家庭相關之學術性及通俗性論述。

誠如許多研究社會科學的人，我們之所以對此一特定議題產生興趣，來自於繼養家庭的經驗，以及我們對家庭生活本質之變遷所懷抱的興趣。本書的宗旨不在教你如何成功地再婚，而是盡可能以客觀（且有趣）的探討，提出與再婚及繼養家庭方面相關之研究與理論資料。

郭序

家庭是孕育人類生存與發展的溫床，亦是教育與養護兒童的最重要熔爐。臺灣地區近幾年來的社會變遷十分快速，例如經濟與社會的發展，這些快速的社會變遷，導致社會與家庭在結構層面、功能與內涵皆衍生相當大的變化，家庭的任何變動，都將對家庭的成員，尤其是依附家庭的兒童與老年，產生鉅大的影響。

今日臺灣家庭人口一直在縮減中，核心家庭也成爲我國最主要的家庭結構，平均家庭所生兒童人口數爲1.7，婦女出外就業大約占45%，造成雙生涯家庭；婦女平權主義升起、教育普及、工作機會的獲得與經濟獨立，使得女性較勇於對不滿意的婚姻訴求離婚，單親家庭因此而增多；此外我國社會步入高齡化，老年的社會安全保障和其它社會適應措施等，需求日益急迫，諸此種種皆指出未來家庭的組成將面臨一些挑戰：家庭經濟，婚姻調適與自身安全保障，兒童、老人照顧與青少年行爲偏差等問題。這些問題的主要根源在於家庭，無異乎，家庭一直是社會的最大支柱。家庭變遷是不可避免的趨勢，人在社會變遷中產生許多多元的價值、各種不同形色的家庭共存於社會，由於這些不同背景的家庭持有不同的態度、行爲與價值，因此藉著婚姻的結合，個人本身必須調適個人的行爲與價值，才能維持家庭成員的和諧關係及家庭功能順利發揮，如此一來，家庭及個人的需求得以滿足並臻至幸福。

家庭一直是我們最熟悉的場所，而且是花最多時間在此生長、孕育、發展的窩，或抒解情感、避免人生衝突、挫折的避風港。而社會變遷的洪流導致傳統的家庭產生變化，這些變化是好或壞，是強或弱，則一直是見仁見智的說法。但值得肯定的是，人類必須要重新面對這新的家庭觀念以及社會變遷下的家庭衝擊。這一切意謂現代人必須再一次學習家庭的意義、功能以及價值。

在學習的過程最需要有一套參考用書，可喜的是，Sage Publishing Company出版一套家庭系列叢書，此叢書專門探討與家庭相關的研究主題，是研修生活科學、生活應用科學、家庭關係、心理學、社會學、社會工作、諮商輔導及對家庭領域相關科系的學生修習家庭相關課題參考用書，此叢書含蓋的主題有家庭理論架構設計、家庭研究方法、家庭歷史、跨文化家庭比較及家庭生命週期分析；其相關的傳統主題，如約會、擇偶、爲人父母、離婚、再婚、家庭權威；此外，也包含最近家庭熱門的主題，如家庭暴力、老年家庭、及爲人父母、不同家庭型態以及青少年性行爲等。

藉由這些叢書，我們可以看到美國當前社會與家庭的變遷以及社會變遷所衍生的家庭問題，這些對於臺灣學習家庭相關主題上是個很好的參考與啓示，更能呼籲「他山之石，足以攻錯」，所以讀者在研讀這些書籍時，可以將臺灣的經驗加以整合，使其成爲合乎本土現況的家庭叢書，並作爲預測未來台灣家庭可能轉變的趨勢，以作爲問題尙未發生時的預防策略。

此系列家庭叢書每一本皆是匯集美國社會現況所出版的專集，在國內卻因文字的障礙而不能廣爲推薦給國內有興趣的讀者，實爲國內推廣家庭服務的一大遺憾。現今，此套叢書版權已由揚智文化事業股份有限公司獲得，並由國內學有專精的人士來負責此套叢書的翻譯工作，希望此套叢書的出版，能爲國人修習有關家庭課程提供一套參考用書，更冀望此套叢書能帶給國內實際推展家庭服務的實務工作人員提供一些觀念的參考，願此套書能造福全天下的家庭，祝你們家庭幸福，快樂美滿。

郭靜晃

目錄

第一章
再婚有哪些不同情況？

親愛的Abby：

請平息一場巨大的家庭糾紛。請問母親或父親的新配偶是否只在住在一起的情況下才成立繼父母關係？你是唯一能平息此一爭議的人，請儘快於紙上作覆。(C. J. in Newport Beach)

親愛的Abby：

希望你能答覆此一問題。我爹結了三次婚：

他跟第一任太太，生了個兒子。

他跟第二任太太，生了兩個女兒。

他跟第三任太太，有了我。

我跟他的其他子女究竟是什麼關係？繼兄弟姊妹 (step-brother and step-sisters) 嗎？亦或是同父異母的兄弟姊妹 (half-brother and half-sisters) ？第一任太太和第二任太太是否是他兒子的繼母？他的第一任太太及第二任太太跟我有什

麼關係嗎？ (All Screwed Up in Ohio)

——資料來源爲“Dear Abby” column by Abigail van Buren, 1985 Universal Press Syndicate. Reprinted with Permission.

許多人之所以看這本書是因爲它是過程中的一個必要部分。其他人則可能是當作盡一種義務，然後汲汲於找出與其個人經驗相關之家庭型態以爲佐證。你也許不像C. J. in Newport Beach或All Screwed Up in Ohio那般一無所知❶，但是你或許不免懷疑爲什麼你的朋友對繼父母的恨意會強到離家出走，或者是無從想像，如何越州去與一個每年只見一次面的父親或母親待上整個暑假。或者是，你不免揣測換作是你，該如何與繼母相處？本書無法回答這類非常特殊性的問題。不過，根據鑽研再婚與繼養家庭（step-families）問題或與該類家庭共同研商過的專家表示，這類私人性問題對該方面研究仍然多所啓示。

根據上述所歸結出的一個結論即是，許多人確實是分不清這類因繼養（step-kin）或親族所衍生的關係。這點，從有人祈求Dear Abby爲其界定繼養親屬關係（steprelationships）中即可見一斑。除了想瞭解雙親再婚後應如何正確稱呼其前任配偶外，仍有其他因再婚而產生的困惑。比方說，該如何稱呼那些新親屬？是否因爲母親決定再嫁，新的繼父即順理成章地變成了「爹」？許多人在面對陌生人突然成了親屬的狀況時根本就不知所措。以下有幾條如何與繼父母、繼祖父母或繼姊妹相處的規則。

社會學家Andrew Cherlin (1978) 建議稱再婚爲一種「不完全機構」(incomplete institution)。他所敍述的正是我們在前面概要提過的狀況——亦即是，有一些規範及原則可用於界定因再婚與繼養家庭所產生關係的期望行爲。此一假設即是該類曖昧情況會導致再婚者間之困惑、生活中的不確定性以致離婚。本章會提出造成困惑與曖昧的原因，並在探索問題層面時，亦提出因再婚與繼養家庭所產生之獨特力量泉源。本章一開始，先讓你瞭解初婚與再婚或多次結婚間的差異。

初婚與再婚間的差異

無子女之再婚

如果再婚雙方都沒有子女，這類再婚與初婚間的差異並不大，只不過其中的一方或雙方已然有過婚姻經驗，而該經驗有時會對再婚者產生困擾。比如說，與前任配偶或姻親關係間仍時有往來。研究社會福利的Doris Jacobson教授形容過此一狀況：

> 她非常不理性。有時候我只不過想和Jane（我的前妻）談談陳年往事。畢竟，我們共同度過高中

時光，有許多共同的朋友。有時候，大夥聚聚蠻好的。我非常懷念那些舊日時光。但是Nancy（目前的老婆）知道了以後總是大發雷霆。我覺得她是無理取鬧。我們常為這檔子事爭吵（1980, p.40）。

在此情況下第二任老婆的怒氣和妒意會因為老公和曾經有過親密關係的人仍藕斷絲連而變本加厲。衝突點就在男方絲毫不覺得維持這種友誼有何過錯。類似關係如果是介於與前任男友、女友或情人間，也會打翻醋罈子——不過，關係不會像與前次婚姻的牽扯間來的緊張——因為婚姻關係中意涵著親密的關係與承諾。成人結束婚姻後，如何走出那種失落或憂傷的情況則因人而異（Bitterman, 1967; Weiss, 1975）。在本例中，這個丈夫絲毫不想放棄對前妻某種形式的依戀。而這對其現任妻子即是沮喪的來源。Jacobson對這種情況歸結如下：「再婚前如何調適其分居或離婚狀況，會影響與新配偶間的互動關係。」（1980, p.39）不過，對前任配偶的持續性心理依戀，與解決現任婚姻問題之過程間的關係，目前仍乏可靠的數據（Kressel, 1985）。

社會學家Frank Furstenberg及Graham Spanier（1984）界定出再婚與初婚間差異的四種特別理由。其中一項反映了Jacobson的看法。上述兩位社會學家強調應注意再婚者與前任配偶仍有聯繫，尤其是前次婚姻中育有孩子的情形。初婚與再婚間的另一項差異是我們在本章一開始時所提到——後者已有婚姻經驗。不論是在行為或心理上，第一次婚姻都會成爲判斷第二次婚姻的基準。再婚者極容易將前次關係與目前狀況兩相比較而覺得更滿意或較不滿意。第三個理由則是，初次與第二次婚姻發生於個人生命歷程的不同階段。倘若第一次婚姻在因離婚或配偶過世而結束之前已經持續了數年之久，就個人的成熟度、生活體驗、以及經濟和社會狀態都已然產生不同程度的變化。依變化的差異，產生第二次婚姻的狀況便有所不同。上述作者就初婚與再婚間差異所作最後區分爲：再婚者來自於兩種不同的婚姻族群（cohort）。（cohort意指具有相同事物的一群人；比方說，同一年生、屬於同一世代、或者是唸同一所高中等等。）而來自不同婚姻族群的人，對彼此行爲上的原則和期望可能有天壤之別。比方說，近二十年來社會對家務的期望和以往有相當大的差異。如果是1955年結婚的女性，便應接受一傳統性角色，擔負持家的基本任務。如果該女性離婚後在1975年再婚，屆時較信奉的已是婚姻中的兩性平權，她在第二次婚姻中的角色扮演便可能截然不同。此類社會規範會促使再婚者依當時的基準去重新思考婚姻的種種。

假設初婚及再婚的情況中只有成人涉及到共同生活中的承諾與信守，其間差異即如上所述。倘若其中一方或雙方將一個或數個孩子帶入此一新組成的家庭，則情況會較爲棘手。以下會再討論此一類型的再婚狀況。

帶著孩子再婚

再婚的調適過程會因加入前次婚姻的孩子而變得複雜及

困難。除了之前提到的多項差異外，來自前次婚姻的孩子也使得繼養家庭與新婚家庭有所不同。有一群作者（Sager et al., 1980）界定了幾項特色。這些特點對接下來幾章的討論而言相當重要，茲簡述如下：

1. 再婚家庭成員的重組：如果涉及孩子則該家庭未經懷孕及生產之逐漸增加成員過程即已重組。這意謂著當兩個成人係經相愛而決定共度餘生，家庭中的孩子卻是和繼父母才剛認識。繼父母與子女間的關愛和尊敬在婚姻之始或許尚未完全建立。
2. 再婚家庭生活週期的改變：也可能再婚的時機係在家庭生活週期（family life cycle）中的必要性與使命與個人需求尚無法契合時。比如說一個年長的男人娶了比他年輕許多的女人後，突然獲得處於青春期孩子的監護權。婚姻生活早期的一項要務即是發展和強化配偶間的親密聯繫。許多婚姻都因嬰兒或幼兒的加入而延緩了此一過程，如果加入的成員是比新婚妻子小沒幾歲的青春期兒子，勢必使情況更爲嚴重。
3. 依法所屬權利的改變：前任配偶或前祖父母可能會爲新的家庭注入一些變數——而那些變數是再婚者所不歡迎的。每個家庭都有爲維護其隱私及自主性所需建立的疆域，但是由於前次婚姻之家庭成員得對孩子或其他事物有其法律依據上的主張，而可能輕易突破此一防護線。因此，新婚者得以據理抗拒這類干涉。

4. 對前次家庭生活的混合情感：由於前次的家庭生活體驗，可能使得成人及孩子產生一種混和著忠誠及罪惡的情感。再婚者可能對孩子及前任配偶懷有一種混和著忠誠與罪惡的情感，而覺得所付出的時間、金錢或注意並不足夠。孩子呢，同樣可能對究竟該忠於雙親或繼父母，或者是忠於原有或繼父母家庭成員而作心理掙扎。
5. 孩子對家庭的滲透性：孩子的出現強化了對家庭疆域的滲透性。如果孩子屬於兩個家庭，則會穿梭於既有與新的家庭範疇間。他們可能在親生父母（biological parents）或其中一人之前傳遞消息（老爹又買了一部新賓士車）或行為失當。
6. 孩子對再婚的反對：也許孩子並不想成為新家庭的一員。大人決定再婚時鮮少詢問孩子的意見，因此孩子在繼父母家庭中形同「沒有自由的聽衆（capture audience）」。如果孩子並不想成為新家庭的一員，便可能以不當的行為模式使得其他的家庭成員過得愁雲慘霧。
7. 孩子的心靈問題：孩子可能因父母離異或其中一人死亡而心靈重創。有些孩子在情緒上會對婚姻生活中的頻繁衝突，或者是雙親或單親離棄他們的經驗深具戒心。對少數孩童而言，此一「分離——離婚——再婚」過程確實會造成長期的心理障礙。多數研究顯示，很少孩子會因此而留下永久性傷害。不過，仍可能產生如較不能信任別人，或是對同性或異性懷有敵意等的微妙心理，其後果是很難甚至於無法估量的。

8. 再婚家庭成員定位的困惑：所有再婚家庭的成員——包括父母、繼父母及子女，都會對其定位產生困惑。此一特色反映出Cherlin之「不完全機構」假設，並說明為何有許多人投書「Dear Abby」專欄詢問關於繼養關係的問題。初婚家庭的成員大都知道加諸於自己的期望是什麼。至於繼父，也許知道所謂的好父親意味著什麼，但是其想法與期望也許與其繼子女的想法與期望大異其趣。

本書中會時時引述上列之八種論點。在此一一列出，旨在讓你敏銳感受到再婚之特殊狀況，實是再婚者所面臨諸多問題的根源。

婚姻之傾向

社會學家Furstenberg(1982)曾引用配偶繼承權（conjugal succession）一詞來描述今日美國社會中的「結婚——離婚——再婚」模式。〔1950年時Paul Landis 以連續性一夫多妻（sequential polygamy）一詞指涉同一現象，Margaret Mead 則是引用順序性一夫一妻（serial monogamy）一語〕。下章會對相關於此一婚姻繼承屬性之歷史及統計數字詳加敍述。此處則是要強調構成婚姻繼承權之一中心概念——美國人之婚姻導向行爲。

不論是美國或世界上的其他國家，家庭具有繁衍、照顧家中幼兒、以及教導孩子初步社會化等責任。傳統（或理想式）的美國婚姻模式是選擇一婚姻對象後互許共度一生，直到其中一方死亡爲止。此外，傳統婚姻還包括生兒育女並將其撫養成人。

過去二十年來，人口統計學家就傳統生活規劃與教養子女方面所產生的變化歸結出兩種傾向。其中之一即是未婚生子女數日漸成長。第二種傾向亦即是本書的中心議題：越來越多成人願意結束第一次婚約，且有意願進入第二次，甚至於第三次、第四次或第五次婚姻。討論再婚此一議題並呈現相關資料時，並不表示初婚家庭已然「不復存在」，或是在提倡一新的婚姻體系，而是要強調在婚姻與再婚模式上已然產生的變化；讓大家瞭解與之相關的行爲模式；並知悉所謂成人或孩子生活於其中所隱含的意義。知名的人口統計學家 Paul Glick (1984, p.24) 曾說：

> 雖然離婚、單親及終身獨居的比率日漸提高，即使家庭型態已有所改變，多數人仍願意營家庭生活。即使美國式的家族型態日漸改變，家庭聯繫依然存在。

簡而言之，本章之始在指出初婚與再婚間的差異；並討論其中多項差異性特色，以爲以下諸章之主題。我們的重點在強調美國係以婚姻爲導向的國家，兼述其結婚、離婚與再婚之趨勢。雖然美國是一個以婚姻爲導向的國家，其離婚率與再婚率仍相當高。

問題討論

1. 何謂Cherlin之「不完全機構」假設？與繼養關係親戚之互動爲何使人覺得困惑或不自在？
2. 已婚的經驗對一新的婚姻有何影響？試舉例說明。
3. Furstenberg及Spanier所提的四項因素以及再婚生活若涉及孩子的八項特色，就家庭成員調適再婚後生活有何影響？
4. 何謂配偶繼承權？其對美國家庭的影響爲何？
5. 爲何美國人如此珍視婚姻結構而願意再婚、三婚甚至結更多次婚？婚姻滿足了何種需求？

建議讀物

CHERIN, A. (1978). Remarriage as an incomplete institution. *American Journal of Sociology 84*, 634-650.

VISHER, E. and J. VISHER (1983). Stepparenting: blending families. pp.133-146 in H. I. McCubbin and C. R. Figley (eds.) *Stress and the Family, vol. I: Coping with Normative Transition.* New York: Brunner/Mozel.

註釋

❶你是否想知道Abby的回答是什麼？她告訴C. J.：「繼母是父親再婚後的妻子，繼父則是母親再婚後的丈夫。不論是否與其同住，此一關係不變。」對All Screwed Up則回道：「你父親之另一兒子及兩個女兒是你的同父異母兄弟姊妹。你和父親之第一任及第二任妻子並無關係。不過，第二任妻子是你同父異母兄弟的前任繼母，你的親生母親則是你同父異母兄弟的繼母。」

第二章
歷史與人口統計學

就過去的人口而言，生命是短促的。正因爲人生苦短……而得以想像與子偕老的婚姻。倘若婚姻係因配偶之一死亡而終結，就家庭成員而言是場有如滅亡的災難。因而，或許會視再婚爲防護的第一線，藉以保護家庭中仍存活成員之持續生活狀態（Sogner and Dupaquier, 1981, p.3）。

頹坤的農場若不是缺了女主人，便是因爲係由女人在經營。

——斯堪地那維亞俗諺

在前面第一章中已指出，美國的婚姻習俗處於變動過程。本章將進一步詳述該類變化。爲拓展你對該變化的視野，我們將把婚姻及再婚引入歷史性觀點。如果你能對過去所發生的變化有所瞭解，便較能理解目前的社會變遷。轉進歷史之前，需先界定兩項概念。每當提及再婚率，我們指涉的是所有結過婚者中再婚的百分比。另一項概念有助於你瞭解本章之資料。我們常用到之「性別比」一詞，係指每一百名女性中之男性數比。

下列各節會敘述長期以來再婚率以及與再婚相關之行爲所產生的變化。我們將呈現因文化與時間之推移，在態度與習俗上所作的改變。這類行爲上的差異乃是經濟情況與複雜文化模式的產物。

歐洲之再婚：中世紀

態度與習俗

中世紀是形成西方對婚姻與再婚態度的歷史性時期（Dupaquier et al., 1981）。最近在英法及其他歐洲國家所作之歷史性人口統計學研究顯示：中世紀時再婚之頻率及普遍性即相當高。不過在收集既往資料時可以發現有關再婚的態度有許多改變。多數報告依喪偶者性別以及進行研究之特定時期和地點，將再婚率定於20%至30%間。同時，證據顯示某些時期和地域並不贊同再婚。

法國歷史學家Philippe Aries（1981）坦承其證據不足以支持理論，但仍結論道：十八世紀以前西方天主教會普遍不贊成再婚。此一說法，無法和當時普遍之再婚現象相呼應。原因在於，結婚與再婚雖依從教會法，習俗和實際運作卻可能脫離教會教條。結婚屬個人事件，社區之約束、習俗或意見比教會的規範重要。要求牧師給予臥室、床或新娘教會式的祝福，基本上是種戒慎心態，並無強制的必要性。以教會之不表贊同爲例，Aries舉證道，教會雖拒絕爲再婚的寡婦證婚——卻不反對爲再娶處女的鰥夫福證。

到了第十二、十三世紀教會開始承認寡婦鰥夫的再婚權時，由教會允許而福證再婚的例子才逐漸增多，不過私底下再婚的頻繁情況始終存在。該階段是教會擴展其在婚姻教條所扮角色時期。許多地區之初婚與再婚儀式並不相同。比方說，初婚屬於全村落式慶祝活動，白天的儀式即是吃喝歡樂。反之，再婚則在夜間沒有教會祝福的情況下進行。

中世紀即將結束時又是一番不同景象。不贊同寡婦（而非鰥夫）再婚的情形又顯得有跡可尋。義大利與法國的常用語彙中即對繼母一詞語帶輕蔑。此一轉變之明顯例證即是法國與義大利一般人以及社區對再婚寡婦之瞎鬧音樂（charivaris）所顯現的敵意態度上。Charivaris 可譯爲刺耳音樂（rough music）。習俗上是村中年輕及未婚男子（不過其他人通常會加入）叫囂、侮辱甚至妨礙再婚夫婦進行婚禮。歷史學家Natalie Davis （1975）的報告指出，戴了面具的年輕人會在夜間於新婚的再婚夫婦新房外敲鍋、打鼓、扯鈴、吹號角等，有時鬧上整個禮拜。尤其如果再婚夫婦年齡差距頗大時，人群更會輕侮、嘲弄地叫囂「殘軀狂愛（Vielle carcasse, folle d'amour）」。有時候再婚夫婦需以三倍於婚禮花費的「罰金」來彌補村人無法如傳統婚禮般吃喝玩樂的損失。爲避免受罰，再婚的寡婦及其所選擇的伴侶會在教會公告其婚期的當天，於婚禮前先在白天舉行宴會。會上除了新娘新郎，其他村人皆在受邀之列。餐會的目的不在先行慶賀婚禮，而在消除村人的敵意和抗議。

社區中人會因多種理由而表現出敵意。首先，傳統的婚姻儀式旨在慶賀一對新人繁衍後代的大業，再婚或更多的婚姻記錄則不以再造功能爲目標。其次，再婚通常意味著又有適婚的未婚女性或男性被選走，未婚者的選擇性便更少了。社區中人所以反對的第三個理由是，結婚雙方的年紀、地位或財富並不相當，再婚者間常存有不平等狀態。Jack Goody (1983) 提醒我們，村人的敵視態度係針對特定事件，而非再婚事件。其原因在於家庭生活端賴兩個成人各司其職，使家庭功能得以順利運作。這也就是本章一開始所引斯堪地那維亞俗諺所隱含的意義。一座農莊既不能沒有女人幫忙，也不能全由一個女人撐著。

證據並未明顯顯示鬧場儀式是否只針對再婚婦女。不過，十三世紀開始教會即禁止對再婚的人瞎鬧。這並不表示該類行爲即已停止 (Davis 1975) 。到了十六世紀，對再婚者的態度又有所轉變。瞎鬧儀式之意義從禁止轉爲補償式作用，而以慶祝宴代替再婚儀式。

再婚頻率

十六世紀英國婚姻註冊資料顯示在英國的再婚率係介於25%至30%間。且兩次婚姻間之間隔時期很短。就再婚男性而言，將近一半（48%）的鰥夫是在一年內再婚；一年內再婚的女性則爲37%（Schofield and Wrigley, 1981）。

法國在十六、十七世紀間的再婚率與英國相去不遠。此一時期的結婚率——包括新人是寡婦或鰥夫在內——爲20%至33%間。同樣地，兩次婚姻間的間隔時期不長，約33%至50%間的鰥寡者會在其配偶去世後一年內再婚。寡婦的守寡期較長，通常爲兩年或更長時期。相當高的再婚率在法國持續至十七、十八世紀（Bideau, 1980）。

十八世紀晚期冰島的再婚率約佔結婚總人口數的25%。此一比率在危機期（饑饉及流行病盛行時）該比率攀升至40%。在當地，喪偶後的哀傷期也很短。寡婦再嫁通常得等上三個月。此一等待期只是爲了確定她沒懷遺腹子（Hansen, 1981）。

明顯的人口變化影響了十九世紀的再婚模式。除各家庭的孩子數減少以及有許多未婚人口外，死亡率也顯著下降。死亡率降低使得再婚率也隨而下降。歐洲國家在十七世紀中葉總結婚人口中再婚者即佔了25%至30%，到十九世紀末，該比率降至10%左右。

此一階段，先前與再婚相關而被認可的習俗又不被贊同了。舉例來說，人們便反對配偶過世不久即再婚，也無法容忍寡婦再嫁給較其年輕的人。

此一趨勢盛行於整個西方世界。比方說，根據對義大利、英國、法國及斯堪地那維亞國家所作研究，其再婚率在十九世紀後半期皆持續下降。十九世紀中葉，英國之再婚率爲

10%，義大利爲11.8%，法國則爲13%至14%間（Bideau, 1980; Livi-Bacci, 1981; Schofield and Wrigley, 1981）。

西歐國家再婚率之影響因素

有多項因素會影響再婚率。其中最重要者爲：存活配偶之性別、配偶死亡時存活配偶之年紀、以及需扶養之孩童數。社會階級、選擇伴侶時寧選未婚或鰥寡者、以及城鄉別等因素也與再婚率相關。

前面已經提過，男性等待再婚的時期較短。再婚的比率也成長的更快。鰥夫或寡婦喪偶時的年紀越輕，再婚的可能性越高。是否有孩子以及孩子數的多寡似乎會妨礙女性再婚，對男性則無決定性影響。在十七及十八世紀的英國以及十八及十九世紀的德國，孩子數會延遲男性再婚。然而，也有研究顯示，十七、十八世紀的英國男性會因孩子而迅速再婚。這種現象可能是居住區域的差別，或婚姻市場（marriage market）的差別。有關婚姻市場的差別的問題以下會進一步討論。

社會階層與再婚可能性的影響有資料可尋。基督新教德國（1550年至1800年間）之中等及上層階級者中結婚及再婚的資料顯示，這類社會階層（如市議員、牧師、市民、法官、律師、大學教授、中小學校長、商人和醫師等）的人於配偶逝世後，會比一般社會居民等待更長的時間才再婚。較高社會階層的婦女不見得就容易找到新伴侶。中上階級寡婦之再婚率並不會比普通階級者高。雖然上流社會的寡婦似乎年齡較輕也較早成婚，使得她們成爲較佳之再婚人選，其「喪偶—再婚」期之間隔並未因而減短（Imhof, 1981）。人口統計學家David Gaunt 及Orvar Lofgren（1981）的報告中指出，丹麥在工業化之前之再婚率依社會階級而異，農夫要比貴族及牧師的再婚率高。

城鄉別對再婚率也有影響。十六、十七世紀的法國，城市比鄉間的再婚率高（Cabourdin, 1981）。十九世紀前半期，義大利也是城市比鄉間的再婚率高（Bellettini, 1981）。但是，Alain Bideau（1980）則發現在1670年至1840年間法國的再婚率並不因城鄉而有所區別。

鰥夫寡婦是否再婚，除性別、年齡、孩子、階級及居住區等因素外，其他社會因素亦對是否得以再婚具有決定性影響。這類社會因素統稱爲婚姻市場因素。

婚姻市場

市場一詞係用以形容貨物交換時之商業活動。婚姻市場一詞則用以表示協調及安排婚姻細節等活動的概念。

婚姻市場有其文化及自然（生理上的）限制，使得尋找婚姻伴侶的困難度增高。比方說，就早期人類而言，海洋與高山的天然阻隔即限制了適婚者間之溝通或交遊。同樣的，宗教、遷移、徵兵、戰爭、傳染病、飢荒，以及因經濟或勞工市場的擴張使得鄉村人口遷往城市等因素，都會影響結婚

(或再婚)人口之比例、結構與流動性。雖然早期行旅困難，婚姻市場卻從未被限於單一村落。許多再婚或三婚以上的男女，其教區都非其初婚之地。這類情形有多種可能情況。例如，年長的寡婦可能在丈夫死後搬去其他教區與其成年之兒子或女兒同住。於是她成爲當地婚姻市場的一員。行旅商人則可能途經遠地與一名女子結婚後將其帶回故鄉。

早期的紀錄明白顯示在婚姻市場上鰥寡之人會和未婚者競相尋求伴侶。在高死亡率時期，鰥寡者會和未婚者搶配偶。許多年輕、未婚者寧可與鰥夫或寡婦結婚也不願遲婚。在過去，婚姻常會因經濟情況不許可而延遲。縱使「經濟許可」一詞之含意可能因時而異，多數年輕人仍須等到存夠養活配偶的物質或土地才能談及婚事。與結過婚的人結偶，則可縮短此一等待期。中世紀時社區中人對鰥寡者與未婚者聯姻並無強烈敵對態度(即使是瞎鬧習俗也只會造成暫時的不便)，即使年齡差距頗大也可以接受。其中即考量了年輕人與較年長的鰥夫或寡婦結婚，日後得在較好的經濟情況下再婚。與年長者結婚有時得以習得成功的必要技能。Solvi Sogner 及Jacques Dupaquier (1981, p.10) 引一位年輕鰥夫對其已逝年長妻子之眷戀:「是她教會我如何去作男人的工作。」

任何時代之性別比，都會對婚姻市場產生重要影響。如果男性過多，女性之初婚及續婚率便增高。相反的，如果女性較多，許多女性便可能終身不婚，寡婦再婚的比率也低。

人口統計學家表示，一旦配偶的年齡差距成爲擇偶過程的相關因素時，便可能存在著婚姻困境（marriage squeeze）。長時期生產率增高，或是幾年間嬰幼兒的死亡率下降，也會影響婚姻市場。這類變化的結果是接下來的年代裏因誕生及存活率增高，而在接下來的適婚潮中減少了適婚人數。此一狀況稱爲婚姻困境，其敍述如下：新娘通常會選擇年紀比她們大的男性，如果每年適婚女性的比例增加，即意味著比例上其得以選擇的年長男性減少，因而不婚的女性便可能增加。相反的，如果數年間生育率持續下降，或者是嬰幼兒的死亡率上升，而使得多年後的人口數減少，則是男性得面對婚姻困境，因爲男性通常選擇比其年輕幾歲的女性爲配偶。只要適婚人口存在著年齡差異，出生與死亡率即對婚姻市場具有潛在且強有力的影響。反之，如適婚男女的數量及年齡相當，婚姻困境便不存在。

過去，婚姻市場係一正向的生存環境，只要(1)一特定社會中對適婚男女之年齡層分佈較具彈性，(2)婚姻規則（regulation）允許不同年齡及社會地位者聯姻，或者是(3)性別比係一平衡數，則可增加鰥寡者的結婚機會。

以上係就英國及數個歐洲國家在幾世紀間有關再婚之行爲及態度所作敍述。必須注意的是，西歐國家外之其他地區，就再婚亦有其不同習俗。下一節即是一些亞洲國家再婚習俗方面的例子。

亞洲國家再婚

印度

不論第一次婚姻係因配偶死亡或離婚收場，幾乎每一個社會都允許再婚。歷史上有跡可尋的例外是中世紀時期的印度。Dallas Fernando （1981）的報告指出，在西元第六至十七世紀（500 to 1600 A.D.）間，寡婦不准再婚，即使是年少守寡的少女亦不得例外。此一禁令旨在彰顯寡婦之再婚有損其先夫之精神福祉。寡婦既是其已逝丈夫家中之一員，在嚴格看管之下，倘行爲失端，即遭嚴厲譴責。身處他人家庭，又沒有配偶能保護其免受苛刻待遇，少艾守寡之命運實在是福禍難測，其生活極可能是悲慘而鮮少歡樂。比方說，不得參與印度教（Hindu）慶典，以免把晦氣帶給孩子（如果有的話）以外的任何人。或因爲受夫家欺凌，或純係自願，許多印度教寡婦選擇在其丈夫火葬時投身火海以結束其生命。

中國

中國現代化之前，福州市的寡婦可以再婚。不過，再婚時不得依傳統習俗坐紅椅出家門到夫家，而是得坐黑椅。基本上，中華文化要求對配偶之忠貞度近似於印度。官方對寡婦再婚通常抱持反對態度，並鼓勵對已逝配偶守貞。有錢人家的再婚率比貧窮階級低。Arthur Wolf （1981）寫道：貧苦人家的翁婆往往要其寡媳再嫁，免得養在家裡，造成家計負擔。

斯里蘭卡

關於斯里蘭卡（昔稱錫蘭）再婚現象之有趣敍述來自於英國的Robert Knox （1966） 。Knox曾在十七世紀中葉被捕而被Kandyan王朝拘禁了十九年。他在1678年逃脫，並記述其所觀察到之社會習俗。

Knox寫道在Kandyan王朝離婚是件很普遍的事，且係經由配偶雙方所同意。男性或女性在進入一相當穩定之結合狀態之前，可能都已結過四、五次婚。不過，即使是看似定案的最後一次結合，仍可能以離婚收場。婚外性關係稀鬆平常，也很少被視爲離婚的理由。但是，如果已婚婦女與較低種姓階級之男人發生性關係，則會受嚴厲譴責。反之，男人則可以和較低種姓階級之女子發生性關係，只要不和她共食，或帶她回家娶之爲妻。如果夫妻同意離婚，由於女子沒有土地繼承權，習俗上也不會因聯姻而獲得夫家土地，因而通常必須回到原村落，由其父母或兄弟照顧。離婚後，女方之嫁妝以及結婚期間獲得的禮物（衣物、首飾等等），需歸還女方。有了這些財產，離婚婦女要再婚便容易得多（Fernando, 1981） 。

阿拉伯

阿拉伯在前伊斯蘭（pre-Islamic）時期係由女方或其代表與男方締結婚約，而非男方採取主動。離婚婦女或寡婦會主動選擇其再婚或續婚對象。男人有權離婚，但是女方得就情況（make a case）向法官或統治者提起訴訟。如果丈夫不曾事先知會且經其同意而另娶妻子，女方得訴請離婚。社會上認可再婚，且限制比初次結婚時少。

前伊斯蘭時期之阿拉伯並未限制男人的妻子數目，且結婚、再婚、一夫多妻或離婚間並無清楚區分。引進伊斯蘭教後禁止一夫多妻。伊斯蘭律法規定一名男子只能娶一個妻子——娶兩到三個妻子的情形僅係例外。離婚的代價高昂，實質上的懲罰會使男人在決定離婚前深思熟慮。伊斯蘭法規定，「所有被允許的行爲中，阿拉最憎惡的就是離婚。」（Huzayyin，1981, p.97）

美國之再婚

十七至十八世紀

殖民時期的美國，以及同時期之歐洲社會皆允許因配偶死亡而再婚，這種情況也相當普遍。不過，各殖民地之死亡及再婚率的差異頗大。新英格蘭由於生存條件較南方各州好，相對的死亡率偏低。然而一旦配偶逝世，通常在六個月至一年內即再婚。清教徒認爲失去配偶的人應立即再婚，以免將已逝配偶過於理想化。至於再婚前之等待期，仍是因州而異。1960年之賓州法要求寡婦需等上一年才能再婚。新英格蘭的教友派亦要求鰥夫寡婦等上一年才再婚。

早期開拓者的再婚率不得而知。但是Arthur Calhoun（1917）寫道：早期的新尼德蘭人（New Netherlanders，位於曼哈頓島，後分爲紐約及紐澤西）之再婚甚至三婚都是很普遍的。然而，在麻薩諸州塞（Massachusetts）有案可查之再婚情形則相當罕見。普里茅斯（Plymouth）殖民地人口中，40%的男性以及25%的女性有過一次再婚紀錄，另有6%的男性以及1%的女性有過兩次以上的婚姻紀錄（Demos, 1970）。

隨時間推移，新英格蘭之再婚率依其性別比而產生變化。到了第三代，因女性遷入及新生嬰兒而改變了男女性別比。此一改變亦影響再婚率。十八世紀的前十年，麻薩諸塞州的Woburn只有10%的女性以及25%至33%的男性再婚。Marcia Guttentag 及Paul Secord（1983）指出，1765年時Woburn之成人性別比爲87.9。因此到了十八世紀晚期，全新英格蘭之性別比失衡而變得對男性較爲有利，相對降低女性的再婚機會。

根據Susan Grigg（1977）對麻薩諸塞州的Newburyport所作研究，顯示出性別、年齡是否有孩子及經濟狀況等係如何影響新英格蘭一地再婚之可能性。其研究結果顯示，半數鰥夫會再娶，而只有20%的寡婦再嫁，而且鰥夫再婚的速度較快。鰥夫期平均爲1.9年，寡婦期則平均爲5.6年。再婚率與年齡息息相關。記錄顯示，男女之再婚高峰期皆爲三十歲以下。18%的年長男性或女性根本不考慮再婚。孩子的年齡數爲五至十五的鰥夫較不會再婚，孩子的年齡高於十五或小於五則會增加再婚的可能性。寡婦再婚與孩子的年紀無關。該報告亦顯示，妻子逝世時丈夫之經濟狀況及其是否再婚並無直接關係。但是有一迷思即是寡婦之財富與其年齡相關。一般人對上了年紀的寡婦有兩極化的看法，一種是得等到年紀大後才會有錢；或者是，年紀大的寡婦一定乏善可陳。基於這兩種前提，寡婦的再婚率不高。對麻薩諸塞州的Salem所作之再婚研究亦指出，十九世紀之女性其經濟狀況與是否再婚呈反比現象（Farber, 1972）。

南方各州的情形則和新英格蘭不同。健康狀況是生存的一大要脅，瘧疾、痢疾和流行性感冒奪去許多人命。男女的生命都岌岌可危。不過，女人通常比其丈夫長壽。比方說，在馬里蘭（Maryland）的Charles郡，女性與男性的存活率比爲2比1，且女性與男性的再婚率比爲3比1。由於性別比上對女性有利，許多女性結過兩至三次婚（Carr and Walsh, 1983）。根據一份文獻資料顯示，Charles郡當地婚姻約僅可維持七年，其中只有33%得以在配偶不曾過世的情況下，婚姻持續十年以上（Walsh, 1977）。另一份研究孤兒數的報告則指出，十七世紀的維吉尼亞州（Virginia）約有25%之孩童於五歲時失去單親或同時失去雙親；至十三歲，半數以上的孩子失去單親；70%的人在二十一歲時有喪親之痛（Fox and Quitt, 1980）。

十九至二十世紀

國家日益茁壯且醫療制度改善後，不論男性或女性的死亡率都已降低。不過，婚姻並未變得更爲穩固——雖然死亡率下降，離婚率卻攀升。

美國獨立戰爭以後，尤其是內戰以後，離婚率逐漸上升。離婚取代死亡成爲婚姻的終結者。不過，此一趨勢直至1973至1974年間才愈發明顯。

一次世界大戰對美國的結婚比有重大影響。美國開始參戰的前幾個月，結婚人數有上揚趨勢。此一增加趨勢持續至志願入伍以及開始受訓的頭幾個月。不過，接下來幾年適婚青年（eligible young men）陸續被派往海外後，結婚率下降。戰後（1919至1920年間）寡婦再婚的比率極高。原因是許多丈夫戰死沙場，並且有許多男女死於1918年的美國流行性感冒——其結果是，將近二十萬名年輕女子成了寡婦（Jacobson, 1959）。

1930年代早期，結婚、離婚及在婚率皆下降。經濟大蕭條（Great Depression）時期離婚後的人所以很少再婚，可能是因爲判決離婚的人數減少。經濟蕭條也影響到寡婦的再婚率。經濟的窘況使得許多人延後結婚，數以千計的寡婦因而失去再婚機會。寡婦在喪偶期的前幾年是再婚的最佳時機。就中年婦女而言，即使是只晚幾年，也會錯失機會，使得其適婚對象轉而追求更年輕的婦女（Jacobson, 1959）。

二次世界大戰期間之情形與一次世界大戰近似。戰爭初期結婚率上升，到了中期日漸衰退，戰後激增，然後便回到近似於戰前的狀況（Jacobson, 1959）。

隨著二次世界大戰後結婚率與離婚率的起伏回到戰前狀況時，1950年代前半期之一般性趨勢爲結婚率略微下降。接著漸漸爬升，至1972年達於高峰。1972年起，初婚率下降。至於離婚率，1950年代早期略微下降，1960年代中期則急遽上升。1980年代之離婚率略降，預期至1980年代晚期應持中上揚。目前人口統計學家估計，在1980年代中期，約有50%之初婚者將以離婚收場（Glick, 1984）。

再婚率之起伏爲近似模式。1960年代晚期之再婚率只比戰後之1940年代略高，離婚率卻大幅成長。再婚率在1970年代中期之前即已開始下降，離婚率卻繼續上升（Carter and Glick, 1976）。

人口統計學家及研究家庭問題的學者皆試圖解釋，何以近來趨勢上不論結婚及再婚率都下降，而離婚率仍上揚。Cherlin（1981）將最廣爲人所接受之解釋簡述如下：首先，從1960年代中期開始，人們較能接受離婚一事。離婚率自1960年代早期開始上升，Cherlin認爲，在行爲上的改變之後，人們對離婚一事的態度也隨而改變。其次，是就業市場有更多的已婚女性。由於女性的就業機會增加，使其在經濟上更爲獨立。一旦女性不需以男性爲其經濟依歸，便較可能勇於訴求離婚以結束不愉快的婚姻。同樣地，如果男性認知到其配偶在經濟上並不需要依靠他，也會更坦然地離開不愉快的婚姻。第三，戰後男嬰潮長大的男性皆面臨相關收入減少的困境，如果想維持一貫的生活水準，妻子必須進入就業市場。至於婦女就業所產生的影響，上面已經提過了。最後，避孕觀念的引進也有其間接影響。有效的避孕技術使得就業婦女得以延緩受孕。孩子誕生通常會增加婦女對其丈夫之依賴性，不生孩子則有利於好聚好散（Morgan and Rindfus, 1985）。

現況

美國目前之再婚率與早期之歐洲以及殖民時期之美洲相近，約爲20%至30%（Griffith, 1980; Laslett, 1977）。較明顯的改變是，再婚通常是經歷過離婚而非配偶死亡。與早期相較，男性的再婚率仍高於女性，且不論是離婚或喪偶，都於較短期間內再婚。時至今日，年齡依然是美國再婚率之潛在影響因素。寡婦的年紀通常高於離婚婦女，因此較不可能再婚。不過，統計資料顯示，同樣是中年男女，離婚者比喪偶者更傾向於再婚。再婚之鰥寡者中（根據1978年統計），鰥夫之平均年齡約爲60歲，寡婦則爲53歲。根據1978年之資料，離婚男性之再婚年紀約爲36歲，女性則爲30歲。

自初婚至離婚之平均年數爲七年，離婚至再婚之平均年數則爲三年（Spanier and Glick, 1981）。同時，離過婚的人選擇與未婚或已婚者再婚之比率約爲一半一半。根據一份1985年的研究顯示，9.2之美國的（離婚後）再婚家庭中，有30%係由一離婚女性與初婚男性組成；35%係由一離婚男性與初婚女性組成；35%則由皆離過婚之男女組成（Cherlin and McCarthy, 1985）。

社會階層對男性及女性之再婚有不同程度的影響。離婚族群中，高學歷與高收入之女性係影響女性再婚之負面因素，對再婚男性卻是利基點。也就是說，較低階層之女性其再婚率高於高社會階層之女性。對男性而言則是相反的狀況：高學歷且高收入的人較快再婚。

再婚率亦因種族而異。白人之初婚率較高，黑人的分居及離婚率較高。再離婚率則是白人高於黑人。

結語

本章所述係世界各地在不同時期之再婚情形。談古說今中最爲明顯的改變即是：歐洲國家的先祖雖然亦視再婚爲常態，其成因卻常是基於喪偶。今日美國之再婚則常由於離婚。人口統計學家預估於1980初婚的人約有半數會以離婚收場。其中會再婚或續婚者則應有60%。顯然再婚者比初婚者更可能勞燕分飛。所以如此，其成因雖有跡可尋，卻非昭然若揭。接下來幾章我們的重點在於探討再婚家庭之婚姻關係及其調適爲何會困難重重。

問題討論

1. 爲什麼中世紀時期人們對再婚一事所持態度會有所改變？

2. 何謂婚姻市場？請條列會對其產生影響之因素。

3. 請以歷史事件爲本，解釋爲何美國之離婚率持續上揚而結婚率下降？年齡、性別比、社會階層、種族別等與再婚率之關係爲何？

4. 因喪偶或離婚而再婚者間之差異爲何？

建議讀物

CHERLIN, A. (1981). *Marriage, Divorce, Remarriage.* Cambridge, MA: Harvard University Press.

DUPAQUIER, J., E. HELIN, P. LASLETT, M. LIVI-BACCI, and S. SOGNER (1981). *Marriage and Remarriage in Populations of the Past.* New York: Academic Press.

LEVITAN, S.A. and R. BELOUS (1981). *What's Happening to the American Family?* Baltimore, MD: Johns Hopkins University Press.

第三章
家庭結構與家庭進程

Step

[ME. < OE. Steop-, orphaned (akin to G. Stief-, ON. Stjup-) < base of stiepan, to bereave, prob <IE. (s) steub-, to strike (hence "cut off"), whence STUMP, STEEP; orig. used of orphaned children] a combining form meaning related through the remarriage of a parent [step-child, stepparent]

Blend

[ME. blenden, OE. blendan & ON. blanda, to mix IE. Base bhlendh-, to glimmer indistinctly, whence BLIND, BLUNDER] 1. To mix or mingle,…. Especially so as to produce a desired flavor, color, grade, etc. 2. To mix or fuse thoroughly, so that the parts merge and are no longer distinct.

Reconstitute

To constitute again or renew; reconstruct, re-organize, or recompose; specif., to restore……

——Webster's New World Dictionary

本處所引之「step」定義，係回應本書第二章有關早期之再婚係源於喪偶之觀點。第二及第三個定義，則係當代用以傳達繼父母家庭所具意義之詞彙。融合（blended）與重建（reconstituted）係最常用於再婚家庭之標籤。二者皆指涉繼父母家庭係由不同部分結合後成為一個單元。而由不同部分結合為一之過程，即為本章之主題。

接下來我們將分析家庭結構之不同組成（各個部分），以及如何維持該架構之相關過程。尤其要探討維持任何家庭所不可或缺之——信守承諾、團結、溝通以及疆域之維護等過程。

由於重點在討論架構，本章會以幾頁之篇幅來澄清此一概念。然後我們會釐清資料中（reported in the literature）述及之各「類型」再婚家庭。最後，則是檢視信守承諾、團結、溝通以及維護界線等在再婚及初婚家庭中之不同運作。

家庭結構

不論是顯微鏡下的細胞，環環相扣之官僚體系，或者是一個家庭——任何一種單位之結構，皆是該單位相互依賴之部分所組成之獨特的組織模式。談及家庭結構時，我們所討論的是家庭中每一相互依賴的成員，包括家庭疆域外之親族。以及，家庭是如何形構，其中成員在日常生活上如何互動。接下來的章節則提出多項重要之組成要素。部分讀者會認爲此一討論係一回顧（review），有些人則會覺得是與家庭結構相關之明顯的社會學概念。

家庭結構之重要因素是其人力分工（division of labor）——亦即是，家庭成員之責任及職務如何分配：各成員如何分工以完成家中各項事務？人力之分工可以有多種形式，比方說，家務可以依傳統的性別角色分工，女性做家務而男性做維修及庭院式的工作。或者是依技能、各成員之興趣、或何者在特定時段有空等原則來安排家庭分工。如何分工應有其公平性。亦即是，以平均或公平分擔爲原則。

結構體之第二項組成要素爲導引家庭成員之行爲規範（rules or norms）。規範係家庭內成員互動之行爲準則，可能由較大結構體之文化（larger culture）形成，也可能純粹是從家庭內形聚凝成。因而各社區之各個家庭都可能有其不同之規範。例如，有的家庭規定其成員一定要共進晚餐，而於該特定時刻分享各人之生活點滴及興趣。另一個以吃爲重的家庭，則可能純粹視晚餐爲特定之進食時間。家庭規範牽涉的事情可大可小。比方說，能不能在室內玩球？牙膏能否不蓋？或者是，如廁後忘記放下馬桶座有沒有關係？

家庭成員所接納的規範係由許多因素形構而成。宗教價值觀、種族或道德上的認同以及社會地位等都會構成不同的家庭規範。個人之習慣及喜好也是決定家庭規則之因素。

規範通常伴隨著賞罰以加強家庭成員之凝聚力。賞罰有時是細微的，像是父母在孩子說笑時的朗笑相應，或者是顯而易見的在孩子犯錯時立刻加以責罰，或不准孩子開家裡的車子等等。

組成家庭之社會性結構（family social organization）的第三個要素爲指定各家庭成員所扮演的角色，或分派各成員其自行認定所應扮演的角色。所謂角色，即是母親、兒子、姊妹等與其家庭定位相關之預期行爲。與「母親」此一角色相關之定位包括：其爲一家之長，且是養成、規範、看護及諮商的對象。兄弟姊妹競相取得一己之地位或認同時，母親也可以有其心理面向上的功能。通常「母親的幫手」此一角色可以借助長女之力達成，該角色對個人之期許爲可靠而有責任感。指定了「幫手」後，二女兒可依其特性而將其定位爲家裏的「糊塗蟲」、「耍寶的」或「運動家」，以確立其在家中之獨特地位與自我認同。

不同之家庭定位與角色所賦與的權力也不相同。功能運作良好的家庭父母最具權威，擁有最高地位，也因此有最大權力。某些文化中會有三代同堂的家庭，通常是年紀最長的一輩地位最高。不過，美國多爲只是由雙親及子女組成的家庭，因此是父母擁有最大權力。如果在家中雙親的權力旁落，家庭的功能減弱，孩子的行爲會變得無所適從且極度偏差（Olson et al., 1979; Peek et al., 1985）。

接下來要探討的是組成家庭的各個單位。傳統的美國式家庭爲核心式（nuclear）家庭，即是由一對成人或單親與其親生或收養子女所組成的家庭。雖然典型的美國式家庭通常只有兩代，但是，仍有三代同堂的情形，比如說，祖父母可能與其已婚子女及孫輩住在一起；未成年的媽媽可能帶著孩子和父母同住；年輕夫妻與孩子仍會與父母住在一起；離婚或帶著孩子的單親也可能仍和自己的父母同住。父母子女之外的親族包括姨姑、叔伯、祖父母和堂表兄弟姊妹等。在美國的親族系統中，親族之重要性有其差別親等。法律上，祖父母、已成年之兄弟姊妹或二等或三等親之堂表兄弟姊妹，視爲家庭之成員。一等親（quasi kin）概念係由Paul Bohannan（1970）引進之家庭研究方面詞彙。一等親指的是正式結過婚者之前任配偶，前任配偶之再婚丈夫或妻子，以及其血親。這些人都是再婚者延伸出去之親族網絡的一部分。第六章會詳加探討再婚與衍生親族間之影響及複雜的互動關係。

離婚與再婚對家庭結構之影響

倘若婚姻以離婚收場，如果雙方不是回去與父母同住，往往便是從原來的一個家庭，成爲各自建立的兩個家庭。社會學家Jessie Bernard （1980, p.568）指出，在1970年代中期約有14.4%之離婚婦女會「回娘家」。雖然一般人的印象是夫妻離婚後會與前任配偶斷絕一切關係，事實上，根據相關方面有限的研究資料顯示，離婚後往往雙方還和前任配偶保持密切聯繫。一項研究資料指出，離婚一年後48%之離婚者仍會保持聯絡，回憶前次婚姻的種種；36%會談及爲何離婚；以及有44%的人會述及其個人問題（Goldsmith, 1980）。如果行將離婚者沒有孩子，彼此間可能鮮少聯絡（Bloom and Kindle, 1985）。如果夫妻間有一個孩子，而且雙方都想繼續扮演其親子角色，彼此間便很難斷絕聯絡。在此情形下，分手的雙方及其所建立的家庭，雖然實質上已經分開，卻因孩子的存在而在法律及情感上仍結合在一起。

如果前任配偶再婚（第二章中已經提過，再婚的可能性極高），孩子的親族網便隨之延伸；繼父母、繼祖父母、繼兄弟姊妹及異父（或異母）兄弟姊妹等關係都會加入新家庭。此一延伸即是Jacobson （1982）所謂之連結的家庭體系（linked family system）。**圖3.1**即是Jacobson概念化之連結家庭，Constance Ahrons （1979）則是以雙核心家庭

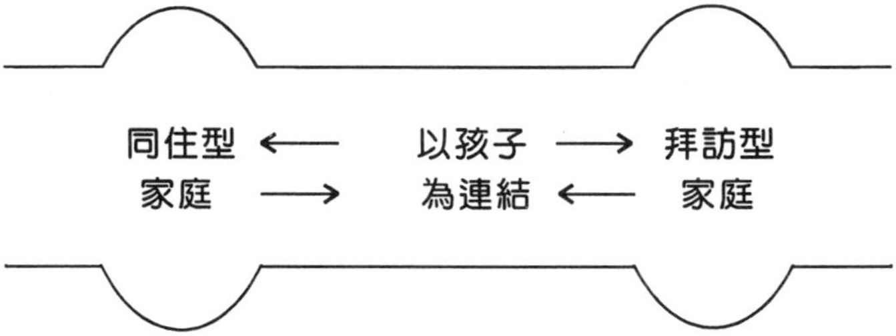

圖3.1 Jacobson概念化之連結家庭

資料來源：Jacobson(1982)

(binuclear family) 一詞名之。根據Ahrons的說法，雙核心家庭係指「不強迫孩子只與雙親中之任一方聯繫，且允許父母在離婚後仍進行其親子互動之家庭型態」(p. 499)。

此一情形與因喪偶而結束婚姻的狀況不同。如配偶已死亡，即使仍與其家庭聯繫，也不會產生雙核心家庭或連結家庭。因此喪偶者在哀傷期過後如果再婚，不會產生某些因再婚所造成之複雜問題。但是這並不表示鰥寡後之再婚得免除因離婚而再婚所會面對之一些類似問題。因鰥寡或離婚而再婚而成爲繼父母者，都會面臨許多類似的情境，其與衍伸親族間之關係也可能同樣複雜。

再婚與初婚家庭間的最大區別主要在於家庭結構的複雜

性上。雙核心家庭的成員一加入新的組成份子，「新舊」成員間之互動關係便極為複雜。雙核心家庭中的孩子，其心目中有兩對權威人物，在兩個家中有兩套規範，以及不同的階層及地位——凡此種種都使得再婚家庭益形複雜。一段婚姻告吹時，家中之人力分工即需有所改變。雙親中仍與孩子居住在一起且照顧他們的一方，需擔負起之前係由兩個成人所分擔之所有責任。如果再婚便可能有一個新的成員來分擔家務，不過，新伴侶可能對處理事務有不同看法，以及對孩子應「幫忙」到何種地步有其不同標準。此外，繼養或半姻親關係之兄弟姊妹亦可能影響孩子在兩個家庭中之排行及地位。在家中的么兒，會突然發現自己到了再婚家庭是「排行在中間的」，而失去了其原先受寵的「么兒」地位。先後兩個家庭間，賞罰原則、角色扮演及角色期待也可能各異。在兩個家庭間尋找角色定位或既有權力，對某些孩子來說是件耗費心力的事。有個十一歲大的孩子多年來都是每半個星期在一個家，下半星期到另一個家，終於他把兩對父母找來，申訴：「我要把所有內衣褲放在同一格抽屜裏!」如何讓孩子調適複雜的情境是值得一再深思的議題。最後，有關雙核心家庭還值得帶上一筆的是，兩個家庭中成人間之關係，本質上是正面、負面或是種中性的影響？

簡而言之，任何家庭中的個人皆有其定位。該定位應有其地位安排，使其中某些人有更大權力。家務之安排應有條理，各角色並有其不同規範。各成員之行為能否被接受應有其忍耐極限。行為合矩，應給予獎勵；脫離常軌則需懲罰。

家庭中所有核心及衍生之成員，加上組成模式，即構成家庭架構。家庭結構會在離婚及再婚後變得複雜。分別建立為兩個家庭後，孩子的世界可能延伸，並且同時有了四個父母，以及數不清的親族。在諸多可能性中，最好的結局是再婚後孩子得到雙倍的愛與支持。此一可能性能否實現，端賴兩個家庭中之成人與孩子間接觸的頻繁度（physical interaction），以及該類接觸之互動品質（psychological interaction）；同時，也有賴於進行此類接觸時成人間之感覺。家庭結構之運作可允許孩子在兩個家庭間自由且常時性出入，是否會因此而產生壓力，取決於成人間關係的本質。

研究家庭的學者試圖描述因再婚而產生之結構型態。下一節即是幾項研究成果。

家庭結構之類別

理論建構的第一步即是創造出類別（typologies）。類別有助於描述及歸結現象之廣度及範疇。學者依再婚配偶及個人之不同特性將再婚之類型加以概念化及分類。各類型各以略微不同的方式將再婚概念化。人口統計學家傾向於只對再婚夫妻之婚姻狀態感興趣，並以該基礎進行分類。比方說，歐洲的人口統計學家Sogner and Dupaquier（1981）即以相當過時之術語來區分再婚之三種類型。他們將再婚類別為(1)鰥夫與未婚女性；(2)寡婦與未婚男性；以及(3)鰥夫與寡婦。依允許離婚之各時期又可將上述類別衍生爲八種類型，分別是：離婚男性與未婚女性，離婚男性與寡婦，離婚男性與離婚女性等等。

第二類系統係以是否有孩子，以及孩子的居住狀態爲歸類基礎。Benjamin Schlesinger（1970）認爲，再婚可能涉及(1)一個父親，其親生孩子，以及一個新的母親（繼母家庭）；(2)一個母親，其親生孩子，以及一個新的父親（繼父家庭），(3)一個父親，其親生孩子，加上一個母親，及其親生孩子（繼父／繼母家庭）。如果再婚後的家庭又有新生命誕生（是爲「接合（joint）」或「共有的孩子（child in common）」），此一分類又得加以衍生爲：共有的孩子/繼母，共有的孩子/繼父，以及共有的孩子／繼母／繼父等模式的家庭。Schlesinger之體系只指涉繼父母家庭，未論及沒有孩子的再婚夫婦。

Ahrons（1980）發展出一種歸類雙核心家庭結構之類別。此一類別暗示兩個家庭之成人照顧同一個（或一群）孩子所發展出的複雜關係。此類關係中最單純的情況是(1)分手的雙方都沒有新伴侶——也就是說，沒有人再婚；(2)稍微複雜一些的是其中一個有了新伴侶；最複雜的家庭結構則是(3)分手的雙方都有了新伴侶；Ahrons之興趣在於共同教養（cooperative parenting）以及區分其間之差別關係，因而將上述三種原始類型又發展出數種子類型，其中包括再婚家庭中係母親有監護權，父親有監護權，雙親共同分擔監護權，以及雙親各有其監護權等。

社會學家Jean Giles-Sims（1984b）亦以雙核心家庭爲基礎，加上兩項新要素——兩個家庭成員間之情緒感覺及接觸程度，發展出其類別。她所發展出的四種類別如下：

1. 相互依賴之肯定型家庭：這類家庭的接觸頻繁度高，且家人對「其他家庭」之成員表達的是肯定性的情緒反應。
2. 相互依賴之否定型家庭：這類家庭的接觸頻繁度亦高，但是伴隨的是對「其他家庭」成員之否定態度。
3. 獨立之肯定型家庭：兩家庭之成員間很少來往，其表現出之「正面」影響爲，對於兩家間之甚少往來或參與持容忍或解脫的態度。
4. 獨立之否定型家庭：此類家庭之雙核心家庭成員亦很少往來或參與，但伴隨鮮少聯絡的原因爲憤恨與敵意。

治療學家Margaret Robinson（1980）依婚姻狀態中與雙親之血緣關係將繼養家庭分成三種類別：(1)法定之繼養家庭——即是帶著孩子之男性或女性（通常爲男性）與一未婚者結婚；(2)復活（revitalized）之繼養家庭——即是帶著孩子之男性或女性與鰥夫或寡婦結婚；(3)重新組合（reassembled）之繼養家庭——即是帶著孩子之男性或女性與離婚者結婚。

最後要檢視的是一種有九種類別之家庭結構（Pasley and Ihinger-Tallman, 1980）。如同Ahron與Giles-Sims

般，此一體系並未考慮兩個家庭間之關係，而是旨在強調再婚家庭之複雜度。此一分類之基礎有三種，即是：是否有孩子，孩子與再婚夫妻間的關係，以及孩子的居所。階層越高，家庭內之複雜度越高：

1.再婚之雙方皆無子女：結構上這類家庭與初婚者無異，只不過雙方中至少有一個已然有過婚姻經驗。
2.再婚夫妻只與目前之配偶有一個孩子——即是只共有一個孩子：這類家庭也與初婚家庭類似，只不過其中至少一方已有過婚姻經驗。親輩之婚姻記錄，在此次結合中與孩子完全無關。
3.再婚之雙方中，至少其中一個自前次婚姻中帶來一個已成年的孩子：此中之最大差異爲孩子已成年。其再婚狀況應有異於尚須撫養幼兒的人。這並不意味著年紀較長的再婚者就沒有關於孩子方面的問題，只是該類問題已非其日常生活的一部分。
4.再婚夫妻育有孩子，且其中一方或雙方在前次婚姻中已有孩子，只是並不住在一起：不住在一起的孩子說不準會不會來探望。再婚夫妻因爲育有孩子，和初婚家庭頗爲類似。不過此種再婚家庭之一大特色即爲不住在一起的孩子偶而會來探望。
5.再婚夫妻間沒有孩子，但至少其中一方在前次婚姻中已有孩子，只是並不住在一起：不住在一起的孩子說不準會不會來探望。在此情形下孩子可能會涉及夫妻間的生活，但是通常只是探望性的。探訪的頻繁度則可能是密集到每週一次，或疏遠得鮮少往來。無論如何，監護安排確已改變，此一類型之再婚夫妻往往會落入第6類之模式。

6.再婚夫妻間至少其中一方將前次婚姻中的孩子帶著住在一起：此一再婚類型是爲「簡單型」，意指再婚雙方中僅只一方之孩子與其住在一起。

7.再婚夫妻間雙方都將前次婚姻中的孩子帶來住在一起：結構上這類家庭結合了繼兄弟姊妹，是爲「複雜型」，意指再婚雙方中都有孩子住進此一新的家庭組合。以下兩種家庭即是不同之複雜繼養家庭類型。

8.再婚夫妻間雙方都將前次婚姻中的孩子帶來住在一起，且在此次婚姻中育有孩子：其最大特色爲兄弟姊妹群中，存在著異父（或異母）兄弟姊妹（half-sibling）。

9.再婚夫妻間雙方都將前次婚姻中的孩子帶來住在一起，在此次婚姻中育有孩子，且其中一方或雙方還有個不住在一起的孩子：這是最複雜的繼養家庭，聚合了所有可能的組合。其成員包括繼母、繼父、繼兄弟姊妹、異父（或異母）兄弟姊妹，以及住在或不住在一起的孩子。此一類型有助於瞭解再婚家庭之多樣性。並非所有繼養家庭都是一個樣子的。

簡而言之，以上所述界定及勾勒出多種再婚家庭類型，並強調出其特色：諸如配偶間之婚姻狀況、是否有孩子、再婚夫妻與另一家庭的關係，以及由成人與孩子間居住安排的複雜度顯示親輩的婚姻狀態。

家庭內成員以及家庭與社區間互動關係的本質，或多或少會受到上述家庭結構類型的影響。例如，孩子的涉入必然使家庭互動複雜化。孩子數越多且居所變動，則彼此間的互動愈形繁瑣。不僅接觸的頻繁度會對繼父母家庭造成影響，孩子之情緒及心理反應（即使並不住在一起），也會影響夫妻間之互動。對結構的討論就此打住。爲了解再婚之另一面向，接下來要討論可能阻止或妨礙圓滿家庭功能之發展的進程（processes）。

家庭進程

社會科學家曾就小團體（如家庭）要有效運作所必備之重要行爲加以界定。社會心理學家則界定，要維護及鞏固諸如家庭般的團體，信守承諾、向心力、溝通及維持該團體之疆域等四要素尤其重要（Tallman, 1976）。由於這些概念所指涉之行爲係抽象且變動性的，我們因此將其指稱爲過程。上述界定之過程在再婚家庭中尤其難處理。比如說，如果家庭成員間並沒有好感，且並不想視其他人爲「家庭的一份子」，顯然就很難要求彼此信守承諾而成爲凝聚力強的一個整體。至於要求毫無溝通意願的人進行有效溝通，更是一件大工程，遑論去設想面對外人及外在壓力時，家庭疆域該開放或閉鎖到何種程度等棘手的問題。接下來要分別討論各項家庭過程。

信守承諾

信守承諾之要件爲欲維護某些事物（Leik and Leik, n.d.）。再婚夫妻必須維護其對婚姻的承諾。同時，他們又得試著營造出使來自其他家庭的成員（尤其是孩子）願意在此一家庭中信守承諾的環境。初婚家庭的父母由於家中成員是在相互依賴的情形下成長、成熟，因而會認爲孩子對家庭的信諾是天經地義的。隨著孩子的成長，其對家的參與日漸減少，但是一旦雙親離婚，即使是已成年的孩子也會深受困擾（Ihinger-Tallman, 1985）。這種對家的自發性信諾心態在再婚家庭中的孩子是很少見的。

有時候，甚至連再婚的成人間也沒有虔誠的信諾心理。社會工作者James Hunter 及Nancy Schuman （1980）即注意到，他們和其他同事所經手處理之再婚家庭個案中，有些夫妻並不在乎能否維持一個穩定的家庭。這些專家表示，缺乏信諾心態意味著再婚夫婦並無意付出心力，做必要之調適或犧牲。

缺乏信諾心態的原因不只一端。再婚夫妻之離婚率所以高於初婚夫妻，亦即是，爲什麼再婚夫妻對對方及婚姻不願信守承諾，主要有三種看法。

Terence Halliday （1980）所秉持的是選擇性

(selectivity) 論點。他認爲會離婚又再婚的人屬於願意結束不滿意婚姻之選擇性族群。初次結婚的人則是即使婚姻品質差也不太願意離婚。因此此一論點認爲，再婚夫妻所以不深守承諾及試圖解決婚姻問題，癥結點在於雙方當事人而非婚姻品質。

還記得Cherlin (1978) 在第一章提過的不完全機構 (incomplete institution) 吧！此一前提提出再婚者之高離婚率的第二種理由。Cherlin認爲再婚家庭之角色及規範定位曖昧不清，導致家中各成員之行爲皆需個別協商。如果規範不明確,該有之行爲便無法視爲理所當然,卻又無「慣例」可循。例如，繼母與繼子間之對應方式，便無法遵循明確而可理解之「規範性」行爲模式，而是必須自行揣摩何者才是最適當之角色反應：是疏遠、朋友、「好」朋友、親輩，還是其他更適當的角色。如果社會規範確切說明繼母與繼子間之情感不可能在幾年內過於親近，則再婚家庭之成員起碼還有規範可期。而後某一家庭之特殊情形是否背離常軌，便可由行爲準則對照成員間之行爲一見端倪。許多繼母認爲因爲她們愛孩子的爹，自然就會愛他的孩子（一種名爲「本能的愛」的迷思），卻不得不在震驚之餘，不安地坦白承認其對繼子並沒有感情。缺乏愛的相繫，也許即是繼母與父親對信守再婚之承諾意願薄弱的根源。如果大衆能認同繼母之此一現象乃發乎自然，身爲繼母的女性在體認到那種無法湧現出愛的感覺時，便能減輕其震驚、尷尬與罪惡感。

認爲再婚夫婦之所以信諾感較低的第三種解釋爲，離婚與再婚乃是個性不穩定者之抉擇（selective of unstable persons）——亦即是,有個人及情緒上困擾的人難以維持穩定的婚姻。酗酒、暴力傾向或情緒不穩定的人比較容易有多次婚姻紀錄。如果夫妻間有一方發現其配偶性格不穩定，其對婚姻之信諾感會隨而降低，一旦信守承諾的意願降低，婚姻便岌岌可危了（Bergler, 1948: White and Booth, 1985）。

向心力

向心力或整體意識是表徵家庭成員之親密度、彼此是否相屬、以及是否以家為榮的一項特質（Giles-Sims, 1984b: Ihinger-Tallman and Pasley, 1981）。探討家庭之向心力時，研究人員會估量在何種範圍內家庭成員會視自己為親愛、和睦相處而不互相批評（Booth and Welch, 1978）。初婚家庭的成員雖然也有可能缺乏歸屬感，不過所佔比例畢竟只在少數。家庭功能運作不好時，孩子會因成為代罪羔羊或遭到排擠而產生疏離感。有時候，孩子或青少年也會覺得與家人格格不入。

再婚家庭尤其需要以時間及心力去培養向心力。某些研究顯示（Asmundsson et al., 1983），再婚家庭約需花上三到五年去培養向心力。家庭之向心力係藉諸如在新家庭中尋找每個人之特殊「定位」；與前任配偶建立和諧關係；以及建立一個不論成人或孩子都覺得自在的新家等等行為而產生。此外，值得一提的是，有時候為解決問題所產生的壓力也可能有助於促進家庭向心力。家人在面對煩惱而協商對策時有助於促進親密及歸屬感（Asmundsson et al., 1983）。

溝通

Harold Raush, Ann Greif 及Jane Nugent （1979）等人認爲社會階級、年紀、性別、種族背景、種族以及文化儀式等會影響家庭成員中之溝通本質。此外，人格及情境因素會影響溝通之方式及內容。Raush及其同事亦強調，對任一家庭成員之任何影響都會遍及整個家庭。初婚夫妻在其建立關係始即發展出一套共享之溝通模式。隨著此一婚姻所誕生之任何孩子皆會在成長過程中學習此一家庭式溝通模式。因此，即使偶而有不同認知或溝通不良，初婚家庭之成員在溝通結果與預期間所產生之差距，顯然較繼養家庭來得小。初婚家庭之成員清楚知道該對其他人有何種期望，且在家庭成長史的範圍內，能夠解析其他人的意思。兄弟姊妹間或許會惡言相向，但是他們學會相信彼此並無惡意。配偶也可以僅從對方之臉色或聲調便知道對方是否已惱怒或生氣。也有些家庭，其成員生氣時不是藉諸言語，而是用力關碗櫃或甩門，其他人就能理解其徵兆了。

不論男女在離婚後如果再營造新的婚姻，皆會將舊有的溝通習慣帶至新的關係中。從某一種觀點來說，這種情形和初婚時面對的情況相似，也就是雙方都必須學習與對方互動並建立起溝通模式。不過，如果再婚家庭中有來自前次婚姻的孩子，其溝通狀態便會變得複雜。在此情形下，協商之過程會因再婚而結合之兩個家庭其原先所各自發展之獨特習慣或期望而變得混亂。

多項對再婚家庭之研究顯示，繼父母與繼子女間的溝通品質，主要繫於所有家庭成員對家之滿意度上。Paul Koren及其同事（1983）指出，如果繼父母以愛與關心來與孩子溝通，孩子便會喜歡新家並有被接納的感覺。家庭活動的頻繁度以及清楚之行爲規範有助於促進繼養家庭之親子關係。爭執及約制則會使夫妻間之互動關係趨於惡化。因此，再婚家庭成員間之溝通、對他人之期望、情緒表達以及肯定性的態度等等，都會對所有家庭成員之滿意度造成影響。

疆域之維護

家庭學者認同每個家庭之要務之一即爲在家中界定及維護和諧之疆域（boundary）（Boss and Greenber, 1984: Walker and Messinger, 1979）。其中有兩種疆域尤其需要加以清楚界定：即是，外在（external）疆域及親子間（intergenerational）之疆域。再婚家庭則尤需界定及維護第三種家庭疆域：即是可能分化雙核心家庭成員的家庭間（interhousehold）疆域（Hunter and Schuman, 1980）。

外在疆域係家庭成員在「抵抗外界壓力時藉以維護其身份、安全感及團結」之力量泉源（Tallman, 1976, p.163）。安全之外在疆域可以使家庭免受外人（如社會福利工作者、警方或朋友）之不當打擾。

每個家庭或各家庭間之疆域應開放或封閉至何種程度因時而異。如果家庭疆域太開放，便會有太多非家庭成員涉入，而危及家庭成員之認同與團結。反之，如果家庭疆域太封閉或嚴格，也會把家庭成員孤立起來，使其無法與社會上的人產生互動。理想的尺度是抱持中庸之道，既能保護家庭，又可促進良好的家庭功能，並使家庭成員與社區間保持互動。

親子疆域旨在既能維護親代又能顧及子代之身分、和諧與安全感。舉凡近親相姦、繼父母子女間之性交、親代對子代之生理或心理虐待，或者是青少年期的孩子對父母暴力相向等，都是親子疆域破裂的跡象。即使是未如上述那麼極端的現象，也可能損害親子疆域。比方說，如果親子間不得各自擁有其隱私權（如成人之性生活隱私權，以及孩子得以將秘密記在日記或信函中），不論親代或子代之一體性都會受到傷害。

假使要求孩子去承擔超乎其年紀之角色，亦會破壞親子疆域。有些孩子會在父母處於婚姻危機期間，或者是雙親分居或離婚後，只對其中一人表示忠誠。這種「友朋式（peer）」的成人角色，根本不是孩子的成熟度所能處理的。同樣的，當家庭面臨危機，家中年紀較大的孩子有時得負責照顧年幼的孩子。一旦孩子之行爲無法與其年紀相呼應，很可能使得親子的角色易位而戕害孩子（Glenwick and Mowerey, 1986）。

第三種與核心家庭相關所建立且需維護之疆域爲家庭間疆域（interhousehold boundary）。離婚者再婚時，其與前任配偶甚至孩子間之互動都會隨之改變。此點會在第六章中進一步討論。這裡只是要先提出，再婚者可能由於源自外在的壓力，而不得不較爲開放其家庭疆域。配偶或配偶之前任配偶可能要求允許其不住在一起的孩子可以隨時來訪。反之，如果夫妻離異時反目成仇且憤恨對方再婚，則可能只讓孩子偶而過往或根本不相往來。再婚家庭的步伐必須配合不住在一起，而只是每週來幾天或隨季節而造訪的孩子的作息（Whiteside, 1981）。其家庭疆域必須開放到允許孩子的來來去去。而此一現象所衍生之另一問題爲，其他家庭成員可能並不把「那些來來去去的人」視爲家庭中的一份子。如果家庭成員根本連「誰是內人誰是外人」都莫衷一是，如何維護家庭之一體性？此一現象尤其見於繼父母或繼子女。一項對繼養家庭之研究表示，開放家庭疆域亦有其樂觀面。雙核心家庭間不論是過多或過少的接觸，都會影響再婚配偶之婚姻品質（Clingempeel, 1981）。

摘要

在再婚家庭中建立關係本來就較初婚家庭困難，若是涉及孩子，則更爲棘手。其成因在於再婚夫妻中至少已有一方有過婚姻經驗，而孩子已在另一婚姻結構中習得適當之行爲準則。但是，繼父母不見得接受那些準則。一旦再婚家庭涉及孩子，新家庭中的親、子及衍生的親戚關係就變得層層疊疊。家中如果有來來去去，而且還跟其他家庭有感情上連屬的成員，確實很難定論究竟誰才是家中的一份子。取捨之間，端賴雙核心家庭間以及各個家庭內之成員而定。其間之差異往往使得家庭疆域之建立愈形困難。如果孩子是兩個家庭間之橋樑，則雙方面都應協助孩子開展出對兩個家庭的歸屬感與信諾意識。如果懷有嫉妒、憎恨、冷漠或敵意等情緒，勢必難以達成此一目標。即使兩個家庭間並無敵意，雙核心家庭中之任一個家庭要凝聚成和諧而團結之整體亦非易事。

雖然困境重重，必須強調的是，其實有許多再婚家庭已圓滿達致信諾、向心力、溝通及疆域維護之協商過程，排除種種困難完成其調適階段。下一章我們將討論再婚夫妻所面臨的特殊困境，並提出所以成功或失敗所作之多項研究報告。

問題討論

1. 檢視家庭結構之多項要素——工作分工、規範、賞罰、角色定位及權限。並舉例說明上述要素對有孩子或沒有孩子之再婚家庭之正面及負面影響。
2. 如何運用類型學（typologies）以瞭解繼父母家庭之行爲模式？
3. 是否有其他準則可用以發展再婚家庭之新類型？
4. 再婚家庭之成員如何加強信諾、向心力及溝通能力，以及維護家庭之疆域？
5. 有關再婚家庭之高離婚率的三種主張中，何者最具說服力？為什麼？

建議讀物

TUNER, R. H. (1970), *Family Interaction.* New York: John Wiley.

WALD, E. (1981). *The Remarried Family: Challenges and Promise.* New York: Step-family Service Association of America.

第四章
雙親如何調適

我（妻，23歲，家庭主婦，婚齡1年10個月）認爲，任何想和已有過婚姻經驗的人結婚之前，都應該仔細想清楚。這類婚姻必然伴隨其特殊問題。我覺得雙方在作決定之前應先行諮商，除非所有與婚姻相關之疑慮皆已釐清，不要輕言結婚。我認爲我丈夫之前次婚姻對我們的婚姻而言會是一個永遠的陰影。他因爲没讓孩子跟著他而深覺愧疚，而我的罪惡感則來自於，如果没有我，或許他會回到前妻和孩子身邊，從此過著愉快的生活。

我（夫，28歲，木匠，婚齡：1年10個月）覺得任何人都該在第一次結婚時即找對配偶。我是在再婚時才找對了人，而美中不足的是，前次婚姻使得它無法臻於十全十美。

——Spokane, Washington之一對再婚夫妻

怎樣的婚姻令人滿意？婚姻如何持久？前一章我們提到再婚家庭如能致力於促進信守承諾、向心力、溝通以及維護家庭疆域，會有助於家庭之和諧。本章我們要探討再婚前之共同生活，是否會影響配偶間之婚姻調適與滿意度。我們訪談再婚夫妻詢及與其初婚相較，其對再婚品質之滿意度。同時亦探討再婚夫妻所經常提及之問題。而後，本章則要仔細檢視維護疆域、忠誠度方面的心理衝突，以及資源分配（resource distribution）等層面。

婚前同居

對有意再婚的人而言，一項相關之議題即爲婚前同居（premarital cohabitation）究竟對再婚有其正面或負面影響？離婚或鰥寡者於再婚前先行同居，比不曾同居而再婚者是否更快樂、調適得更好、或者是對婚姻的滿意度較高？

最近之調查結果顯示，美國之同居男女中約有4%並無婚姻關係。這表示與1970年相較同居人口數增加了300%（Spanier, 1983）。有趣的是，這類人口中約有半數有過婚姻紀錄：據統計，其中47%之男性以及45%之女性係爲離過婚或鰥寡者。

多數針對未婚同居對婚姻品質之影響所作研究都只及於初婚夫妻。少數研究確係著重於再婚夫妻，或就再婚與初婚夫妻加以比較，此類研究成果會在以下篇章加以討論。

婚前同居是否會產生較高之婚姻滿意度？根據Alfred DeMaris （1984）所作研究，不論初婚或再婚夫妻（N等於309對新婚夫妻），婚前同居過的對婚姻滿意度都較低。不過，根據統計資料顯示，其間之差異以初婚夫妻尤其明顯。也就是說，同居只對初次結婚而在婚前同居過的男女之婚姻滿意度產生負面的影響。Sharon Hanna 及Patricia Kanub （1981）針對同居是否爲再婚之強化因素，對80對再婚夫婦進行研究，結果發現是否同居對婚姻之滿意度並無影響。根據我們（Pasley and Ihinger-Tallman, 1980）自己對784對再婚夫妻所進行而不曾發表之資料亦顯示，是否同居與婚姻滿意度間並無明顯關係。

因此，針對我們所提出的問題，其答案應該是否定的。就上述少數幾項研究的結果所示，再婚男女之婚前同居與其婚姻滿意度並無關係。

婚姻滿意度

撇開同居一事不談，研究顯示，初婚與再婚夫妻對婚姻之愉悅與滿意度之差別微乎其微。調查結果顯示，一般說來再婚夫妻對其二度婚姻之滿意度僅略次於初婚夫妻。值得注意的是，多項報告中指出再婚夫妻中男性對婚姻之愉悅與滿意度高於女性。Karen Renne （1971）自加州某郡之5,373名受訪者所採之隨機機率樣本（probability sample）所得結論爲，再婚者比初婚者更容易對婚姻感到失望。再婚之女性又較再婚男性之滿意度爲低（但是，年齡在45歲以下之黑人再婚女性之滿意度高於黑人再婚男性）。Lynn White（1979）之研究認爲，再婚及初婚夫妻間對婚姻之滿意度並無區別，倒是男性與女性的感受有顯著不同。其報告指出，初婚女性較再婚女性對婚姻之整體滿意度（global happiness，與婚姻滿意度之標準略微不同）較高；男性則以再婚者之滿意度較高。Norval Glenn 及Charles Weaver（1977）對178位再婚女性及196位再婚男性所作研究顯示，女性之婚姻滿意度較低。上述資料採自三份美國之全國性調查。之後，Glenn（1981）就全國意見調查中心（National Opinion Research Center, NORC）自1972至1978所採集之資料進行分析，發現再婚女性對婚姻之滿意度較初婚女性低。而且，再婚女性對婚姻之滿意度亦較再婚男性低。Glenn發現，人種別（不論是白種人或黑種人）所得之研究成果近似，但是男性與女性間之差異性頗大。黑人女性中，再婚者對婚姻之滿意度比初婚者低，黑人男性中則是再婚者覺得比初婚者幸福。Masako Ishii-Kuntz（1986）接續Glenn，進行1980至1985年NORC之研究。其結果與Glenn之相同處爲性別間對婚姻滿意度的差異性。不過，初婚與再婚者間對婚姻滿意度則無明顯差異。Helen Weingarten（1980）針對篩選過性別、教育程度及婚姻期之184對再婚夫妻以及1,068對初婚夫妻所作調查，就婚姻之滿意度亦無差別。DeMaris（1984）早期針對是否同居所作研究，亦指出是否有同居經驗對再婚或初婚者對婚姻之滿意度亦無影響。DeMaris之報告中，兩性對婚姻之滿意度亦無差別。

簡而言之，上述幾項研究之結果是相當一致的。初婚與再婚者之婚姻愉悅度幾無二致。或許其中有輕微差異，自統計數字上言並不明顯。七項研究中有六項提到性別上的差異，表示女性對婚姻滿意度比男性低。

其中一項明顯的矛盾是，如果再婚者對婚姻之滿意度一如初婚者，爲什麼資料上顯示再婚者問題重重？此外，爲什麼再婚者之離婚率略微偏高？難道說，與再婚相關的問題與其對婚姻之滿意度無關？還是說對其婚姻表示滿意之再婚者已圓滿解決再婚後之特殊問題，因此婚姻得以持久？統計資料中，是否剔除了因對婚姻不滿意而已經又離婚或早早分居之再婚者（且因此不被列入可資研究之再婚人口）？此一問題，留待報告過針對再婚者所提出問題所作之研究調查後再討論。

融合兩個家庭所遇之困難

我們曾對幾項可能與成功之調適相關之再婚問題進行研究。研究成果中雖然有些許差異性，總而觀之，多數再婚者共同存在某些明顯的問題。以下會就此研究再作討論。

再婚夫婦所提出的問題

Lillian Messinger (1976) 針對70對再婚夫婦所作研究，發現其中最常見的兩大問題爲孩子與經濟問題。所有研究都會歸結出這兩項問題。比方說，另一項針對66對再婚夫婦所作研究指出，在教養繼子女方面，繼父母被視爲「壞傢伙」(bad seed)，被訪對象所指出之其他主要問題還包括與前任配偶間之關係，以及配偶間之溝通不良等 (McClenahan, 1978)。

Patricia Kanub, Sharon Hanna 及Nick Stinnett (1984) 等研究者要求80對再婚夫婦界定在其婚姻關係中的衝突地帶。三分之一以上的受訪者表示對孩子的教養以及處理孩子的問題是癥結所在。其中32%認爲經濟困境是多數衝突的根源，另有23%的夫妻表示其婚姻中的衝突點係源於人際關係。總而觀之，16%的再婚者認爲其婚姻關係中之衝突與前任配偶、繼子女以及無監護權之子女相關。

而根據我們 (Ihinger-Tallman and Pasley, 1983) 自己所作之研究，我們表列19項主題，詢問784對再婚夫妻就各項產生歧見之頻率。結果發現教養孩子以及滿足孩子之需求係夫妻雙方皆認爲會產生歧見之主要項目。配偶間之人際關係亦是歧見之根源。其他較明顯的問題爲：性生活、不夠體貼以及獨處之時間不足等所引發之爭吵。

康乃狄克州再婚問題研究小組 (The Connecticut Remarriage Research Group, 1983) 調查30個再婚家庭，受

訪者包括丈夫、妻子及進行訪問時所有在場之孩子（不過報告上只記錄成人之回答）。其中有半數家庭表示教養孩子及無法與青春期孩子相處是爲問題之根源。其他提及之問題包括：沒有足夠之相處時間、沒時間與朋友相處、與贍養費或孩子之扶養費無關之經濟問題，以及婚姻關係中之壓力等等。

自繼子女之觀點來看，Patricia Lutz (1983) 曾詢問過103位繼養家庭中之青少年，其生命中之最大壓力來源。雖然她所詢及者皆非尖銳問題，仍可明顯看出其中之兩大煩惱源爲：忠誠度衝突，以及繼父母之規範。尤其是，如何接受繼父母之新規範，以及如何符合繼父母之期望。

Koren及其同事於十八個月期間（1983）在俄勒岡卅（Oregon）就三種觀點訪問66個再婚家庭。早期（指大約共同生活四個月後），兩大主要問題爲獨處時間不夠，以及來自前任配偶及親戚之干擾。十八個月後，以同樣問題詢及仍在接受研究之47個家庭。隨然有新的問題產生，原先所提出之根本問題仍是困擾的根源。婚後約兩年以後，男性認爲有四項行爲比在婚姻早期更爲嚴重。這些行爲包括：家庭成員壁壘分明互相對抗，教養子女時夫妻並不相互支持，夫妻間有一方常得「調解」親子間之爭執，而另一方卻想自家庭關係中抽離。於是，舊的問題沒有解決，而新問題時而產生。

本研究亦對受訪孩童（年紀自9歲至18歲不等）詢及相同問題，其回答與其雙親之答覆相去不遠。在婚後之前幾個月，孩子認爲引致歧見之主要原因爲：財務、家庭規範、社交習慣、財源不足，以及不尊重個人隱私權及個人空間等等。十八個月後在本研究行將結束之時，孩子認爲其中最嚴重的問題即爲：「不尊重隱私權」及「批評不住在一起之父親或母親」。

同時孩子提出一個新問題：亦即是，雙親獨處之時間不足。作者認爲，婚後一年半後，孩子會認爲「婚姻之和諧」較「父母之快樂」來得重要（Koren et al., 1983, p.74）。綜而言之，本研究進行期間，不論成人或孩子所提出之問題都日益增多，而且某些早期之問題仍持續存在。不過，問題並未益形嚴重。其他研究者亦觀察到，隨時間之增加，家庭生活問題並未見改善（Pink and Wampler, 1985; Furstenberg, forthcoming）。

教養問題依各家庭以及孩子之年齡而異。不過，以下這位再婚已四年之32歲家庭主婦的心聲，明顯指出問題來源之共通性：

> 再婚後，我唯一難以克服的是孩子問題。我認爲目前的婚姻遠比前一次好，不過孩子的問題的確讓我覺得難受，並且有時使得我和丈夫間很不愉快。
>
> 有時候，我覺得他對孩子管教太嚴，或者是，不耐煩去解釋他爲什麼責罰孩子，而且態度不夠冷靜，使得我不得不加以干涉（其實，我並不應該涉入）。同時，我也覺得他應該多對孩子表現出他的

關愛。我知道對他而言，一涉入婚姻就得立刻擔起家庭責任並不是一件容易的事，也認爲他已經盡心在做。不過，此一問題依然存在。

親子關係顯然是繼養家庭成員間之問題。自臨床學家處我們接觸到更多特定問題的深層面，尤其是親子關係方面的資料。比方說，David Mills （1984）認爲，繼養家庭中關係所以複雜，其中一項因素即爲親生父母（尤其是母親）常會在繼父(母)對孩子設定新規範時加以干涉。有時候，干涉行爲是公然行之。比方說，母親會以不以爲然的口吻，在孩子面前指責其繼父。但是更多時候是私下的對抗。例如，繼父管教孩子，而孩子回說：「不公平。」接著，孩子就會到母親那兒去告狀，母親便回說她會處理，弦外之音即是繼父錯了。這種方式等於強有力地決定了孩子在新家庭中的地位。久而久之，孩子會覺得自己毫無份量，根本就是家中的「外人」。

簡而言之，在試圖探討再婚家庭之特殊問題時，其中三項特別突出。即是，孩子（尤其是教養孩子）、財務，以及配偶間之人際關係。尤其不可輕忽的是，婚姻早期所面臨的問題仍持續存在。

疆域之維護

前幾章曾提及，建立及維護家庭疆域對多數再婚夫妻而言皆非易事。再婚夫妻所求助之許多臨床學家亦常提及此一問題。不過，很少人研究在未曾求助之再婚者中，是否也有建立及維護其家庭疆域上的困擾？

此方面研究之困境在於如何界定所謂「疆域之維護」。有些研究者的解決之道為，詢問家庭中成員誰應屬於家中的一份子。如果居住在一起的親生父母、繼父母或繼子女竟然不被列入考慮，即表示該家庭之疆域並不明確。Frank Furstenberg、Nicholas Zill及James Peterson（Furstenberg et al., 1983）曾設計過一份電話訪談問卷，訪問1,377名孩童及各孩童之一名家長。該研究顯示之重要意義為，父母離婚後再婚之孩童，其家庭疆域觀念非常模糊。詢及：「你心目中的家庭成員包括哪些人？」時，即使是住在一起，15%的繼父母仍不會把其繼子女列入名單。但是只有1%的父母會漏掉其親生子女。同樣地，孩子也會漏列其父母或繼父母。7%的孩子會漏列其生母，9%的孩子會漏列其生父，另有31%的孩子會將與其居住在一起之繼父或繼母排除在外。研究人員曾檢視維持較久之繼養家庭以尋求較為明確之家庭疆域，結果其間並無差異。因此，「家庭疆域並不會因時間而重劃」（Furstenberg, forthcoming, p.13）。

我們對再婚所進行研究（Pasley and Ihinger-Tallman, 1980）亦包括幾項為衡量模糊之家庭疆域所設計的問題。其中一項為：「你的家人包括哪些成員？」整體觀之，39%的夫妻顯示出某種程度的疆域模糊性；18%的夫妻看法不一致，且所列之居住在一起之家庭成員名單也不相同；13%對住在一起之家庭成員看法一致，但是對所謂之家庭成員，則列出不同之名單；另有8%對家庭成員之看法一致，但是所列出之同居家庭成員名單不同（Pasley, forthcoming）。此外，我們還可以歸結出誰是最容易被忽略的家庭成員。可想而知，不住在一起的孩子最容易被遺忘。此一現象尤其見於繼母家庭或雙親皆爲繼父母的家庭。

上述現象明顯指出繼養家庭對其成員之不確定性。不但孩子會忽略其繼父母，繼養家庭之成人一樣會忽略掉孩子的存在——尤其是旣爲繼子女又不住在一起，更常被排除在外。

另一項酌量疆域模糊度的方式是探測家庭疆域之可滲透性。Glenn Clingempeel（1981）曾檢測婚姻品質與準親屬（quasi kin）間聯繫頻繁度之關係（用以檢測滲透性）。結果發現與「其他」家庭保持適度接觸之繼養家庭之婚姻品質最高。

在另一項維護家庭疆域之檢測上，我們（Ihinger-Tallman and Pasley, 1981）假定家庭疆域之可滲透性愈高，配偶間之婚姻穩定性愈低。進行此一研究時我們以多項指標來檢測可滲透性：他人來造訪之頻繁度；與協助性機構或社區組織之接觸頻繁度；以及，夫妻遇有困擾時與他人（朋友、親戚、心理輔導人員或牧師等）傾訴的程度。結果顯示男女雙方之表現各異。就丈夫而言，與他人之往訪有助於婚姻之穩定性，與諮詢機構聯繫則會降低婚姻之穩定性。在這兩項上，妻子之意見與丈夫一致。有趣的是，關於「分擔困擾」方面，如果妻子將問題說給別人聽，將會降低婚姻之穩定度。假使婚姻中有許多擾人的事兒得與別人分享，或許婚姻本身已有問題。不過，如果是妻子知道丈夫把問題說給別人聽，結果反而是會增進婚姻之穩定度。如果家庭疆域越開放（以家庭晤訪為衡量標準），與他人分享之機會越多，男人一定會善加利用，而妻子感覺到此種開放與丈夫之良性溝通實是相輔相成，於是，歸結出也可以與家庭外的其他人分享心事。事實上，男人是否向他人吐苦水對婚姻之穩定度並無影響。但是妻子得知丈夫是否有此行為，則對其（指妻子）維繫婚姻之穩定度有極大影響。

簡而言之，研究所得顯示再婚家庭之家庭疆域極為模糊。報告中指出，詢及誰是家中直接成員時，再婚家庭的成員常會有所疏漏。此一疏漏即是家庭疆域模糊之明顯指標，同時亦顯示成員間之家庭認同意識薄弱。很少人進行家庭疆域滲透性方面的研究。我們所進行的研究顯示，滲透性與再婚家庭之穩定度相關。如果家庭疆域係開放予親戚、朋友及認識的人，有助於家庭之穩定度。若與協助性機構或其他社區性組織頻頻接觸則會降低穩定度。

忠誠度衝突

分裂之忠誠度係指對某人之好感影響到對另一個人之忠誠度之尷尬感覺。此一語詞亦可以定義為，當雙方都有所需求時，較能符合其中一方面的要求。這類情感傾向可以有多種表現方式。比方說，孩子對生活在一起的繼父產生感情時，可能會覺得自己背叛了生父。或者是，離婚的雙親爭吵時，究竟要偏向誰也會使孩子產生忠誠度上的遲疑。孩子們認爲，後者之情形尤其會產生壓力。雖然臨床報告中經常討論這類概念，卻只有兩位研究者實際檢視此一問題。Lutz（1983）詢問103位繼養家庭中之青少年其生父或生母攻訐對方時的感受。50%的青少年說他們有過那種經驗，其中四分之三的人都說那種狀況讓他們倍感壓力。受訪者中，43%的青少年覺得在親生父母間「左右爲難」，半數以上（58%）則認爲那種情形有壓迫感。Lutz問他們是否會喜歡繼父或繼母勝過親生父母，55%的青少年承認有此情形，其中40%因此而有心理掙扎。

JoAnne Strother 及Ed Jacobs （1984）以Lutz之基準來研究青少年之壓力問題。他們訪談過63位繼養家庭中的高中生。結果，受訪對象並不認爲忠誠度的掙扎會造成特殊困擾。於13種可能產生壓力之問題中，該項情形只名列第八。反倒是教養規範上的歧異最讓他們頭痛。Strother 及Jacobs將調查結果與100名初婚家庭中之青少年的答覆作一比較，發現他們也認爲家庭規範是家庭生活中最棘手的壓力來源。可見不論父母之婚姻狀態如何，教養問題在各種家庭中普遍存在。

總結此一問題，我們發現至少有部分繼養家庭的孩子有著忠誠度掙扎上的困擾。Lutz對12至18歲孩子，以及Paul Koren （1983） 對9至18歲孩子所作研究皆指出，親生父母爭吵時孩子夾在其中會產生負面情緒。

資源分配

另一項影響再婚夫妻間之調適的因素爲家庭中的資源如何分配。在比較初婚與再婚（或多婚）家庭之資源管理與分配時，必須考慮到多項因素。典型的初婚家庭發展出的是經濟上之相互依賴。不論是單薪或雙薪之初婚家庭，碰上財務問題時，婚姻是單一經濟體，其經濟會以家庭生活周期（family life cycle）之特定目標。比方說，婚姻生活之初期財務目標通常爲購屋及備置家庭必需品。此一階段夫妻間通常不會去規劃退休計畫或者是孩子的大學教育費用。因此，婚姻階段往往是消費或資源分配之指標（Fishman, 1983）。

一旦再婚，財務上的決定便變得較爲複雜。除家務分工外，再婚者還必須分別設法處理其個人之經濟。此舉可能涉及結合兩個家族以及兩代的人，而彼此間有著不同或相反之收入、支出及儲蓄習慣。Barbara Fishman（1983）指出，可能使情況更爲複雜的是，在婚後之財務責任也許涉及數個家庭間之三到四個成人。此外，再婚家庭會同時經歷數個不同之家庭階段（比方說，既爲新婚夫婦階段，同時是已有青春期子女階段）。而不同階段之資源分配需求不同。於是，究竟是要把錢花在布置新家還是給青春期的子女買二手車，便可能產生問題。

Fishman（1983）晤談16個再婚家庭以瞭解其如何支配經濟資源。經過深度晤談她歸結出兩種明顯之財務分配類型：即是共用一壺（a common pot）或兩壺（two pot）型。共用一壺型意指夫妻把所有可用之資源歸在一起，不論是親生或繼養，依所有家庭成員之需求加以分配。這類型家庭有兩大特色：(1)通常既有之資金有限，因此必須著重於眼前之財務需求；以及(2)夫妻間至少有一方之前任配偶無法持續支付養育其親生子女之費用。由於此類型家庭之資源通常不足，共用後之生活水準通常會比雙方在再婚前之狀況爲佳。

血緣關係爲兩壺型家庭資源分配之首要考量，其次才是需求性。採取此一分配模式之家庭有兩種特色：(1)其中一方或者（經常是）是雙方之前任配偶會資助其有血緣關係的孩子，以及(2)財務資源充裕因而有一些得自行使用之收入。這類家庭之夫妻雙方都有經濟來源，會各自照料到其親生子女之需求。雙方之消費各自分開，且是各自獨立之支票及銀行戶頭。兩壺型系統傾向於不管再婚家庭成員有何看法，仍與初婚家庭成員保持緊密聯繫。這類家庭之再婚配偶間維持著財務各自獨立，其最大挑戰爲如何在個人經濟獨立與繼父母家庭之向心力間求取平衡點。

提及一壺型家庭之典型問題，Ann Goetting （1982）認爲：「再婚家庭之問題不在財源不足，而是財務不穩定或資源分配不均。」（p.220） 她引1978年人口普查局資料中零散支付養育孩子費用給再婚前妻的資料，指出1978年再婚之女性只有43%仍收到孩子之養育費用，相對於此一數據，離婚而未再婚之女性，則有51%仍收到孩子之養育費用。再婚夫妻經濟不穩定之另一項因素爲，如果丈夫擁有孩子之監護權，不曉得其前妻何時會提出預料外之要求。

Kenneth Kressel（1985）指出，實際帶養孩子之母親定期自前夫收到費用者少得可憐。他指稱：不支付孩子教養費用的比例持續升高：離婚後三年，該比例約爲60%；到了第五年，不支付者的比例升至70%至80%。

有限的資源也可能意味著再婚後係住在其中一方之原住所。由於前次婚姻的記憶充滿在生活環境周遭，而可能產生不自在的感覺。如果新婚夫妻的居所是由其中一方之前任配偶（及另外一個男人或女人）所裝潢、佈置或資助的地方，這對新人大概很難有「在家」的舒適感（Burgoyne and Clark, 1982）。

財務會引發新婚夫妻間的爭執。降低此一潛在衝突的最佳方式，是在婚前就討論財務問題。然而研究顯示，再婚夫妻並不願意這麼做。Lillian Messinger（1976）晤談過的70對夫妻都表示不願意在婚前和對方討論財務問題。Elizabeth Dolan及Jean Louen（1985）所訪問過的22對夫妻中，則有半數以上承認財務壓力是導致其初次婚姻挫敗的根源，而其中多數依然不願在再婚前與未來的配偶討論財務上的事項。

除金錢之分配外，其他資源如時間、空間與關愛亦需加以分配。再婚之新婚夫妻所需之獨處時間，應與全家人所需之共同活動時間等量齊觀。此外，由於再婚而家庭成員增加，得以給予每一成員之時間便相形減少。以一個孩子的雙親都分別再婚的情況爲例，孩子的家中便增加了兩對繼祖父母。如果四對祖父母都想要這孩子陪陪，便得依不同需要而多所抉擇。

空間的分配也會影響繼養家庭成員間之互動。如果一個家庭在經歷分居與離婚後，家中只有三名成員，生活起居都已妥適安排，若是再婚後得重新安排爲六個人的居所，便是一種資源上的再分配，可能使得習慣獨睡的孩子，突然得與其他人共享其臥室空間。

也許多數人會認爲關懷與愛是源源不絕的，但是有些人會在突然得與新增加之家庭成員分享其愛的源頭時，覺得倍感威脅而缺乏安全感。定義上（不論實際情形如何），家中的新成員亦有權分享關愛。由於如何將關愛分配給家中的新成員並無原則可循，人們通常也就不知道如何去預期。定義上的模糊加上害怕失去所愛的心態，結果可能導致繼父母家庭之新成員間懷有敵意或彼此衝突。

歸結以上所述，再婚夫妻對於如何分配其財務資源，可以有多種選擇，既可以是以既有資源重新分配，或者是與「初」婚家庭保持緊密聯繫以獲得支持。但是，即使再婚夫妻清楚知道財務困境對婚姻所可能產生的衝擊，再婚前仍很少人能先行討論財務問題或先行加以規劃。對再婚夫妻而言，財務以外之其他資源的分配也可能產生問題。諸如時間、空間及關愛等亦需在所有家庭成員間公平分配，使所有人滿意於新的生活起居安排。

結語

以下摘自一位現年25歲已婚兩年的診所接待員，對初婚與再婚間差異的看法：

> 我丈夫的前妻離開他而琵琶別抱。那種痛，有時會無意間滲入我們的婚姻。我知道，他仍然，而且會永遠愛著他的前妻。雖然他也愛我，有時候我不免要想，如果他的前妻肯回頭，他會更願意和她再結一次婚。雖然知道這不是一種「健康」的態度，我仍然想在各方面和他的前妻較勁——比方說，試試自己在持家或烹飪上是否和她一樣出色。即使沒有這些額外壓力，婚姻也是夠複雜的了。愛上一個結過婚的男人，一直是我的掙扎。內心深處，我一直希望自己是別人初次且唯一的抉擇。如果可以重新來過，當他說：「我曾結過婚」時，我想我不會考慮和他深交。

當然，並非所有所有再婚家庭皆會出現其中一方對前任配偶眷戀（本例則是苦戀）不捨的情形。不過對許多家庭而言，這的確是一個相當嚴重的問題。執著於「神話式」速食愛情及立即見效調整，或者是試圖重建已逝之核心家庭的再婚家庭，皆會延緩使得家庭融合為一體之最終調整。所謂最終調整，意指認知並感懷繼父母家庭之特定優缺點。無法面對此類挑戰者，泰半只能淪為那60%得再度面對離婚的家庭。根據Furstenberg及 Spanier (1984, pp.439-440) 對賓州 (Pennsylvania) Centre 郡再婚者所進行之研究：「如果再次婚姻仍不協調，他們已作好離婚的準備。即使再怎麼不願意走到這樣的結局，多數再婚者仍表示，經歷過初次婚姻破裂的過程，他們不會只為了維持婚姻關係而陷於那種慘況。」

若從樂觀面來看，也有些夫妻會把有過一次婚姻經驗，解讀為願意致力使第二次婚姻更為完滿。一位已婚四年現年29歲的髮型設計師即寫道：

> 我太太的前次婚姻實在是太糟了，所以她盡全力要維繫此次婚姻。

另一位已婚四年半現年28歲的鋪鋁工 (aluminum applicator) 則說：

> 我太太的前夫實在是個痞子（而且依然故我）。相形之下，雖然我並非一流的人選，但是也比他好得太多了。

本章結束之前，我們要再次提及再婚夫妻及再婚家庭孩子所提及之各類問題，以及與此相關之婚姻滿意度問題。必須強調的是，研究家庭問題的工作者，很少人去問及初婚家庭之配偶或孩子有關其所面對之特殊問題。因此，研究再婚家庭之問題時，並沒有明確的資料以做比較。初婚家庭中也可能有配偶間之人際關係、財務問題、孩子的教養問題、以及孩子夾在失和雙親間之忠誠度掙扎等問題。也可能，再婚夫妻能把婚姻問題和即將在家庭中產生的問題加以區分。而與孩子或前任配偶間有棘手難題之夫妻，仍可能把問題分別處理而不影響其彼此間的感情或其對婚姻的肯定。因此詢及婚姻滿意度時，與家庭問題並不一定要混爲一談。

許多作者認爲較明智的作法是強調再婚家庭之優點而非問題 (Furstenberg and Spanier, 1984; Strother and Jacobs, 1984)。我們同意此一看法，不想誇大再婚夫妻所面臨的難題，而讓人覺得再婚之絕望與無助。另一方面——再離婚率數據明白指出，半數以上再婚夫妻無法圓滿克服婚後所面臨之問題。既然多數人都認爲孩子是問題之主要根源，接下來幾章我們便要檢視再婚對孩子之影響。同時要提出繼子女對婚姻之殺傷力。

問題討論

1. 再婚前同居似乎與婚姻之滿意度並無直接關係。試述此一觀點的看法。

2.再婚家庭之成員如何開展出清楚之家庭疆域？

3.試述監護權之安排對忠誠度衝突之影響。

4.資源分配雖然會使再婚問題變得更為複雜，資源之重新分配仍可有那些正面影響？

建議讀物

GOETTING, A. (1982). *The six stations of remarriage:Developmental tasks of remarriage after divorce.* Family Relations 31: 213-222.

DUBERMAN, L. (1975). *The Reconstituted Family: A Study of Remarried Couples and Their Children.* Chicago: Nelson-Hall.

MACKLIN, E. (1983). Non-marital cohabitation:an overview," pp. 49-74 in E. D. Macklin and R. H. Rubin (eds.) *Contemporary Families and Alternative Lifestyles.* Beverly Hills, CA: Sage.

第五章
孩子

從前，有一位仕紳再婚，娶了個世界上最傲慢的女人。她和前夫有兩個女兒，兩人根本就是她的翻版。仕紳在前次婚姻中亦有一個女兒，甜美而性情溫和。

婚禮才剛結束，繼母即露出其本性。她無法容忍由於丈夫的女兒美麗又善良，而使得自己的女兒更顯得面目可憎。於是她開始要繼女兒去做一些如刷洗尿壺、擦桌子以及擦地等的卑賤家務。繼女兒睡閣樓的爛草墊。女兒的床則新而柔軟，配上長鏡子好攬鏡自照。

可憐的女孩逆來順受，不敢向父親訴苦，因爲她知道父親已經完全爲繼母所左右……

——灰姑娘

剛開始出現如「灰姑娘」這類虐待繼子女的童話時，當時社會確實已有許多繼子女。前面章節中我們曾經討論過以往的再婚情形。雖然其再婚率與早期之比率相近，兩者間仍有一極大差異，即是如今之初婚往往是以離婚（而非如早期係因配偶之一方死亡）收場。因此若以早期及今日之繼子女作比較，最明顯的差異即為絕大多數之早期繼子女皆「失去」了其親生親人。「step」一詞，其原意即為孤兒。對現在的孩子來說，灰姑娘、白雪公主及兩兄妹（Hansel and Gretel）等故事只是他們瞭解繼子女之境遇的知識來源，而非親身體驗。不過，當今社會確有為數不少的孩子可能親自經歷繼父母家庭的生活。根據估計1980年時約有兩百三十萬的家庭中有繼子女（Cherlin and McCarthy, 1985）。經歷父母離異者約為33%（Glick, 1984）。Sandra Hofferth（1985）估計64%的白人小孩以及89%的黑人小孩在17歲之前會經歷單親家庭生活。其中，半數以上會因與其同住之母親或父親再婚而有一繼父或繼母。本章將由討論孩子之監護權誰屬為起點，鋪陳繼父母家庭對孩子的影響。

監護權之決策及運作

過去150年以來孩子之監護權誰屬的實際運作有相當大改變，從「親權」前提、「幼兒歲月」原則，沿革到「孩子之最佳利益」政策。親權前提視孩子為父親之財產；幼兒歲月原則，則是將幼兒托給母親照顧。孩子之最佳利益原則，是平權原則——雙親對幼兒皆有相等之權利暨義務，任一方皆無優先權。此原則，即是衆所周知之聯合監護權原則。

父權

英美自羅馬法時代至十九世紀，父親對孩子之監護權幾乎是絕對性的。根據不成文法（Common Law），孩子視爲父親之財產。此一前提下，父親應支付孩子之生活費用並負責其教育和宗教訓練，孩子則應服勞役（Derdeyn, 1976）。扶養與監護間關係可以從1891法之條文摘要窺見一斑：「既然父親之首要義務爲扶養孩子，……其對孩子之監護權便優先於其他人」（Bishop, 1891, p.453）。此一論點覆見於1840監護政策：「父親是否絕對不適任，以其是否得以保留孩子之監護權而定」（Ahrenfeldt v. Ahrenfeldt, 1840, p.501）。由於母親本身即處於被保護地位，因而不被視爲適當之監護人。

隨著工業革命及社會變遷，母親才逐漸爭得監護權。Andre Derdeyn（1976, p.1371）如是描述此一變遷：

> 女性開始有投票權，有權擁有自己的財產，並有大量女性投入支薪市場。同時，國家對兒童利益之新政策開始展現於嶄新的義務教育、兒童扶助的社會（children's aid societies）以及童工法……等等方面。女性不但爭得更多權利及經濟能力，社會對兒童福祉之重視，影響所及也更強調出母親照護之重要性。

起初，母親爭得的是極稚齡孩子的監護權。該監護權只是視為暫時之權宜措施。亦即是，在孩子之嬰幼兒期（即是仍在看護階段時）將孩子交托給母親，等到孩子四歲（亦有些情況是到了七歲）時交回給父親。不論男孩女孩（尤其是男孩）終歸要回到父親之監護，因為一般認為父親較能提供規範及道德指引。

母親監護

到了二十世紀初期，基於「幼兒歲月」原則，越來越多母親獲得監護權。此一原則認為，孩子在母親照顧下會獲得較多利益。此一觀念上的改變來自多方面的影響。Derdeyn（1976, p.1372）將其簡述如下：

> 除女性日益增加之權利及經濟能力外，前任配偶應支付孩子之生活費用情形亦日漸普遍……基於女性更適合照顧孩子之文化上前提，母親之監護權實為一道德上之衡量。

母親之監護權終於成為優先考量。到1960年 90%的爭議案件都是將監護權判給母親（Derdeyn, 1976），該比率猶高於當今之比率。

「孩子之最佳福祉」一詞於1925年引入州法。該政策之意旨在於安置孩子時能將焦點自衝突中的父母，轉向以孩子之最佳利益爲優先考量。其結果是傾向或推定將監護權裁決給母親。因此到了1970年左右母親之監護權成爲優先考量（Luepnitz, 1982）。就在美國社會響起一片平權的呼聲時，法定氛圍也在變革中。「1969 至1975年間九個州通過州法明確訂定性別不得左右監護權之裁決」（Weitzman, 1985, p. 466）。

聯合監護

1980年加州率先以聯合監護爲優先抉擇。於州法中立法維繫孩子與雙親之聯繫。聯合監護（joint custody）又可稱爲共享監護（shared custody）、共同監護（cocustody）或共同扶養（coparenting）。加州當局亦鼓勵夫妻共同謀求解決監護權之道；若雙方無法和解，可求助於法庭之仲裁人或法律顧問。該原則廣受歡迎。Lenore Weitzman（1985）認爲，至1985年至少已有30州已採用某種形式之聯合監護法，她歸納出四種形式：

1. 得選擇是否要聯合監護：這是最常見之聯合監護形式，即使父母未提出此一要求，法院仍有權作此一裁決。
2. 雙方同意之聯合監護：此一立法只在父母皆提出要求之情況下允許聯合監護。Weitzman認爲這類立法係立基於越來越多人認同，聯合監護唯有在雙方皆有意願之前提下才行得通。

3. 一方要求聯合監護：此一政策允許法官在只有單親提出此一要求時仍可判決聯合監護。Weitzman認爲由於此舉係將孩子置於父母的爭執中，而可能有不好的結果。

4. 以聯合監護爲優先或推定（presumption）：由於此舉要求法官優先選擇聯合監護，得視爲此中最具強制性的形式。兩者中又以推定聯合監護最具效力，因其認定係以孩子之最佳利益而作此一裁決。若想推翻此一假定，雙親中需有一方能證明聯合監護其實有損孩子之權益。如此一來，單方監護成爲例外情形，必須另行聽證。

事實上，聯合監護如何實際運用在日常生活上，各州有相當大的差異。有項研究訪談過50對離婚夫妻，發現沒有任何兩對夫妻之聯合監護安排是相似的，不過，大致可分爲四種類型：(1)孩子每天穿梭於兩個家庭；(2)孩子以不等的時間每週穿梭於兩個家庭；(3)孩子每年穿梭於兩個家庭（通常是暑假及兩個重要節日在其中一家，其餘時間則在另一家）以及；(4)孩子以年爲單位，輪流在兩家居住（Luepnitz, 1982）。上述安排皆係以身體上（physical）爲主之聯合監護。法定監護意指「孩子之法定監護人需在其年滿18歲前，負責其教育及福祉；監護人得管制孩子之宗教訓練，並有權給予孩子醫療照護」（Weitzman, 1985, p.227）。法定監護並不規定孩子同誰居住。所謂聯合監護係指雙親都有權參與相關於孩子之教養、就學、宗教訓練、醫療等等重大決定。

就孩子之監護／起居安排之正確報告涉及一個棘手的用詞。亦即是，傳統上係以孩子是住在母親監護或父親監護的家來描述其居住狀況。如果孩子的親生雙親同時擁有監護權，而孩子實際上是和母親住在一起，此一用詞便不夠精確。爲去除任何不精確之含意，我們以居住的（residential）一詞指稱起居上的安排，而以監護（custody）一詞指孩子之法定監護狀況。遺憾的是，此一精確釐淸有時反而讓人對事情之眞相感到沮喪。

根據Weitzman（1985）所作一份卓越研究，加州之無過失離婚法（no fault law）並未使更多父親要求孩子之監護權。事實上，即使是新通過之聯合監護法也不曾改善此一狀況。Weitzman（1985, p.250）認爲加州之情形只是名稱上（labeling）的改變而已：

> 1980年以前依舊法所稱之「自由探訪」式安排，如今稱之爲「聯合監護」。此一改變在心理上或許對父親之意義重大，因爲他們如今在離婚後得以明確表示自己係家長之一（joint parents）之立場，但是對多數孩子而言，其日常生活上之安排毫無改變。

理想與事實：聯合監護與探訪

研究家庭問題之學者以及提供相關協助之專業人員所共

同關切的重點是，爲數可觀的孩子在其成長過程中其親生父親總是缺席。資料顯示，離婚後父親與孩子保持聯繫之比率極少，久而久之，多數個案根本就完全失去父親之參與。早期研究離婚方面之文件，即有一份顯示出此一傾向（Goode, 1965），日後陸續之研究益發肯定此一事實。E. Mavis Hetherington、Martha及Roger Cox （1976）針對離婚家庭之孩子進行爲期兩年之研究，發現父親與孩子之接觸隨時間之加長而持續減少。最近一項全國性調查發現，受訪的孩子中50%在過去五年中不曾見過不住在一起的父親或母親；20%則是在過去一年中有此情形。其中只有16%的孩子大約每星期和不住在一起的父親或母親見一次面（Furstenberg et al, 1983）。Furstenberg及Spanier於1984在賓州對再婚夫婦所作研究，結果和其他研究相呼應，證實隨時間增長，父親與孩子之接觸日漸減少。兩人之數據亦指出，如果一方再婚，親子間之接觸頻繁度更低。如果雙方都不曾再婚，有三分之二不住在一起的父親或母親大約每個月會探訪孩子幾次。如果一方再婚，此一比率降至40%。如果雙方都再婚，該比率進一步降至34%。

Walter Tropf （1984） 對101位離婚父親所作研究獲致類似結論。親子間之探視在離婚後減少，如果父親再婚，探視率再降。若是前妻再婚，探視率就降的更低。不過，Tropf發現探視率雖然在一方再婚後滑落，探視期卻增長了：亦即是，孩子較少去探視，但是每回停留的期間加長。Tropf 因而認爲往訪頻率下降並不一定表示父親對孩子之關心或參與相對減少。「以電話交談、停留期間增長、以及往訪之頻率減少，顯現出一種角色重整現象。」（1984, p.70） 不過，該研究中停止探視孩子之父親在數量上有上揚趨勢：12%的父親在離婚後從未探望過孩子。23%於再婚後停止探視。31%則在其前妻再婚後亦不再去探望孩子。

Weitzman（1985）之加州研究亦顯示，不住在一起之父親與其孩子之接觸係漸漸減少。加州法院之記錄甚至顯示有23%的父親在離婚後根本不去探望孩子。

相較於此一般性趨勢，Ahrons （1981）對41個再婚家庭所作研究卻發現，擁有聯合監護權之雙親參與孩子生活之比率較高，其中約有三分之二不住在一起之父親或母親至少每週探望孩子一次或甚至不只一次。

多數以不住在一起之母親所作研究皆指出，其前往探視孩子之頻率較高且較具規則性。前面提到之Furstenberg與Spanier之研究指出，多數不與親生母親住在一起的孩子在過去一年中有86%仍與母親保持聯繫；但是不與父親住在一起的孩子只有48%仍有聯絡。至於不住在一起而至少每週探望孩子一次的母親，其比率爲31%；相較之下父親則只有16%。

由於多數研究中的受訪者，不和孩子住在一起的母親爲數不多，因此對所呈現的數字不能概觀定論（Furstenberg與Spanier所進行之研究中只有35名婦女受訪）。不過，該趨勢在多項研究所呈現結果是相當一致的。不住在一起之母親比父親較常去探訪孩子。

尤其需要注意的一點是，某些研究中父親之參與率較高乃是因取樣選擇的結果。Ahrons之研究係針對雙核心家庭之家庭間互動而選擇其受訪對象，因而鎖定具有法定聯合監護權之家庭。臨床學家Judith Wallerstein 以及Joan Kelly（1980）曾以獎勵方式邀請係母親擁有監護權之家庭參與一項研究，參與該研究之父親於離婚後仍與孩子保持密切聯繫。所以有此令人滿意的結果，也許是因為該研究為鼓勵成人之參與，曾提供一段為期六週，旨在協助離婚後孩子之調適過程的計畫（Kelly, 1981）。

根據研究，孩子之年齡以及居所之遠近皆會影響探視之頻繁度。不過，早期由Furstenberg、Peterson及Zill 等人所進行之一項全國性研究指出，孩子之性別及年齡並不影響其與父親之接觸。倒是居所的遠近是項決定性因素。如果父親所住的地方離孩子之居所需一小時以上的車程，每週之探視率減半。不過「每月一次或數次」之探訪率並不受距離之影響（Furstenberg et al., 1983）。住得近似乎更方便探視，不過距離並不是一項決定性因素。Tropf（1984）曾對父親與孩子居所係在150英里或更遠的家庭進行過研究。誠如前面所述，他發現父親會在離婚後減少其前往探視孩子的次數；再婚後更少；如前妻亦再婚且父親仍住在150英里以內，探視數又再次減少。如果此時父親已住到150英里以外，減少之探視數尤其明顯。

夫妻離異後一方或雙方之婚姻狀態，對孩子與其不住在一起之父親或母親間的接觸通常是種負面影響。探視頻率、再婚以及孩子之經濟支援等息息相關。Furstenberg 等人（1983）發現定時給予孩子扶養費用的父親比不支付經濟資助之父親更常去探訪孩子。Tropf （1984）則發現，如果孩子之父親已再婚，較容易向其要求額外之資助，如果前妻亦已再婚，資助便相對減少。

這些現象可以有多種解釋。再婚，意味著精力、注意力及資源必須分配給前次與目前之婚姻。將資源分配給新家庭，即意謂前次家庭之成員（包括孩子）資源減少。如果再婚時亦帶進孩子，對資源之需求量更大。同時，新配偶可能並不贊同他（或她）與前妻（或前夫）及孩子保持聯絡，以免一再陷於過去之回憶中。再婚夫妻都強烈渴望能「把過去拋在腦後」（Visher and Visher, 1979）。有些夫妻會在分手後因費用支付、探視以及孩子之教養問題等等時起勃谿。雙方交惡的結果會使父親更無意去探視孩子（Fox, 1985）。同時，不論父親之探視係過多或過少都是種痛苦，於是父親可能產生罪惡感。如果探視會伴隨負面情緒，接觸之頻繁度便會減少。

雙核心家庭中與孩子住在一起之母親還提出其他問題。她們認爲孩子去探視不住在一起之父親後會變得失序或被寵壞（Weiss, 1979）。她們抱怨孩子的父親並不會要求孩子遵守日常生活中應有的規矩，只是提供「美好時光」。因而有時候，已離異之一方會寧可孩子不去探望另一方。於是母親會在有意或無意間，阻止或不鼓勵孩子與其父親繼續聯絡。

監護權與居住權之改變

有多少孩子之法定監護權變更，多少孩子從母親（或父親）家搬到另一方家，以及爲何有上述轉變等等，並無明確之資料可考。不過，有部分研究對於此類趨勢提供了有限之數據。有關孩子變更居所一項，其中值得注意的是此一改變未必得牽動家中之所有孩子。如果有個孩子搬去和另一邊住，另一個或數個孩子仍可能留在原住處。根據Geoffrey Grief（1986）對517位無監護權母親所作研究，其中61%於婚姻結束時擁有實際監護權，但是後來失去或放棄。受訪的母親中有26%將實際之監護權分開，讓至少一名18歲以下的孩子與其同住。Grief之另一項研究（1985）指出，其取樣（N=1,136）中擁有監護權之父親中，19.6%係因其前妻無法處理孩子的問題而讓孩子與其同住。Furstemberg 與 Spanier（1984）之報告得到類似結果。他們指出，賓州Center郡之離婚案例中有20% 變更其監護安排。 Julie Fulton（1979）對明尼蘇達（Minnesota）州之離婚案例所作研究指出該地之變更率爲33%。至於對單親家庭之父親所進行研究，Barbara Risman （1986）指稱在受訪之141 名父親中，62%係由於其前妻放棄、身亡或拒絕負責而不得不擔起責任。18%在猶未離婚前曾與妻子討論過監護權問題。另有20%則是透過法定程序與妻子爭得該權利。

總括來說，不論母親之生活景況如何，父親都很難獲得單獨監護權。不過如果前妻再婚，父親通常會得到所有孩子之監護權。此外，如果家中全是男孩，其獲得監護權之可能性較大；反之，如果全是女孩則其獲得監護權之可能性極小。另外，據估計擁有監護權之父親，約有半數只有部分子女之監護權；另有半數則擁有家中所有子女之監護權（Spanier and Glick, 1981）。

多數離婚案件在判決多年後會有居所上的改變。改變之理由不見得都是正當或以孩子之利益為前提。其原因，可能是想破壞前任配偶之新婚姻，也可能是繼母基於「救難心態」，認為可以比孩子之親生母親提供更好的教養環境。其他可能因素則為：擁有監護權之父親或母親臥病；孩子本身渴望變換環境；孩子的母親想進修或開拓事業，沒有餘力照管孩子；或者是，有時後母親覺得某個孩子已讓其束手無策。

以下是三位家長就變換孩子居所之反應。第一段是一位母親期望孩子自父親家居留過後再回家的轉變。另外兩段則是父親對孩子遷移之看法。

> 我（母親，27歲，家庭主婦，已婚六年）覺得，最大的問題是孩子能否接受繼父母。一旦能讓孩子相信繼父母並不想奪走親生父母的地位，親子間的張力解除，孩子便能自發性地去愛繼父母。以孩子的年紀，他們通常無法理解即使去愛繼父母，也不會喪失親生父母的愛。此一問題始終困擾著我的長子，直到最近才獲得解決。他剛和親生父親住了兩

個月，正準備回家。現在他對自己的父親以及繼父都有明確的感情。我們確信，此次分離終將使我們更契近，而且是所有人都願意生活在一起了。那曾是個痛苦的決定，但是我們明白：「要讓他回來，先得放他走。」

我（父親，41歲，銷售員，結婚五年半）很滿意目前的婚姻。我的孩子曾決定要和我們住在一起，9個月後女兒決定回去和媽媽住，16個月後兒子也在一致同意下回到母親身邊。我妻子和我都在事業階段，無法適當照顧孩子。前次婚姻的孩子給此次婚姻帶來困擾，而且他們無法回應我們的期望。我們夫妻倆都盡力要維持一個正常的家庭，但是無暇給孩子適當之督促。我自己就是繼父養大的，他的好無庸置疑，我卻是要到長大成人才能理解。如果不願付出心力，不只是繼父母，繼子女也可能顯得冷酷。

我（父親，37歲，地毯清潔工，結婚四年）目前的婚姻中共有7名子女，四個是我妻子的，三個是我的。並非每個孩子都處得很好，不過大致說來還可以。孩子中有兩個不再住在一起了。一個想和她母親住，目前情況不錯。另一個離家出走，無法處理自己的問題。此次婚姻把九個人拴在一起，多數成員覺得滿意。

再婚對孩子之影響

父親或母親再婚時孩子之調適

由經驗得知，雙親離異或再婚時孩子之年齡層、性別、或繼父母之性別等皆係瞭解或預測家庭變化對孩子之影響的重要指標。

少數研究曾針對孩子之年紀與其親輩再婚時所作調適間之關係進行瞭解。前面提及之Wallerstein與Kelly (1980) 之研究指出，學齡 (school-aged) 孩子在其共同居住之親輩再婚時最難適應。此一觀點獲得其他研究 (Rosenberg, 1965; Kaplan and Pokorny, 1971) 之支持。如果父親或母親係在孩子五歲前再婚，則對孩子之智性及學校教育有正面影響。

早期之研究通常忽略性別差異，最近之報告一致發現繼父母家庭中之男孩較女孩少適應問題，也比較少呈現負面情緒。數項研究指出女孩與繼父母的關係比較緊張，尤其是和繼母處不來 (Clingempeel and Segal, 1986; Peterson and Zill, 1986)。Lucile Duberman (1975) 指出，繼母與繼女間比繼父與繼子間問題多。

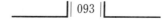

Lutz (1983) 曾針對繼養家庭中之壓力來源，詢問繼父母家庭中之青春期孩子，發現男孩與繼父間的壓力少於女

孩所反應。Clingempeel與Segal (1986) 最近之研究強調繼養家庭中，和諧之關係與心理調適息息相關。他們指出，繼母與繼子女之關係越好，心理調適越佳。此項結果在女孩方面尤其明顯。

曾有報告指出，婚姻品質會影響繼父母與繼子女之關係。Brand 與 Clingempeel (1985) 之研究指稱，母親再婚後如對婚姻之適應良好，其女兒與繼父之關係反而較差。如係繼母家庭，繼母之婚姻調適狀況越佳，她們與繼女之關係越差。此一現象在繼母與繼子間則不然。

雖然目前之臨床證據指出，繼養家庭中之女孩比男孩之「危險性」高，此一結論仍有待商榷，因爲此類研究大多僅以少數、中產階級、白種人爲樣本。不過，一項大量隨機抽樣之研究卻也證實上述結論 (Peterson and Zill, 1986) 。即使如此，確定繼養家庭中孩子之適應確有其性別比之結論前，仍須進行較多研究。

學校表現與認知功能

曾有多項計畫針對再婚對孩子之學校表現 (academic performance) 及／或認知功能 (cognitive functioning) 進行檢視。四項研究一致宣稱繼養家庭中長大的孩子，在學校表現與認知功能上都無負面影響。比方說，就學校成績來看，繼養家庭或初婚家庭中的孩子並無差異 (Bohannan and Yahraes, 1979) 。John Santrock (1972) 以就學孩子爲抽樣之研究亦得到類似結論。與繼父或生父居住之男孩在智商與學校成績方面亦無差別。而且，與繼父居住之男孩的智商與學校成績都較單親家庭之男孩高。不過在Santrock之研究中，與繼父居住之女孩並無類似表現。繼父母家庭中女孩的學校成績明顯地較初婚家庭中的女孩低。至於父母家庭與單親家庭中的女孩，其表現則無明顯差異。

自尊、自信以及性格差異

對繼父母家庭所作之相關研究，常以孩子之「自我」意識爲主要議題。多數研究認爲不論是初婚、單親或繼父母家庭長大的孩子，其自我觀感（self-concept）或自我形象並無影響。兩項研究指出繼養家庭孩子之自我形象較初婚家庭的孩子差。不過該二項報告中，只有一份強烈指出此一傾向。另一份則強調孩子之自我觀感只在父母親係在其八歲後才再婚時，才會有負面影響。總體而言，上述研究都不曾考慮到諸如：家庭大小、再婚期長短等等家庭結構以外可能影響自我觀＼形成之其他因素。

心理功能

許多研究者對繼父母家庭中孩子之心理功能（psychological functioning）興致濃厚。由於研究者間所用之方法不同，也就很難將結果進行比較。不同之評估標準與方式，必然帶來相異之結果。

Harvey Oshman 與Martin Manosevitz （1976）發現男性在有父親的（不論是初婚或繼養）家庭之心理功能比

無父親家庭之男性高。該研究之特色爲參與之男性皆係在繼養家庭已生活多年，意味著在繼養家庭時間之長短，可能係撫平再婚對男孩之負面影響的重要因素。

多數以因受心理影響而導致身體不適所產生抱怨（psychosomatic complaints）爲評量心理功能基準之研究發現，繼養家庭或其他類型家庭養大的孩子間並無差異。不過，近來對心理功能方面之研究太少，若想獲致一般性結論，猶需進行更多研究。

家庭關係

整體而言，解讀過相關資料後可以發現繼父母家庭和其他家庭並無太大不同。有關各類型家庭親子關係之研究亦獲致類似結論。不過，由於再婚與親族關係之複雜性，以及我們對家庭儀式、規範及習慣之「陌生」（newness），該類研究之本質因而可能有所不同。

Ganong 與Coleman （1984, p.400）曾就比較繼父母家庭與其他類型家庭之家庭關係之研究進行檢視，而自多項研究中歸結出以下論述：

> 諸如：與繼父之關係……享受親子之樂……感受到家庭衝突……母女間之社會情感（socio-emotional）關係……分擔家務……母女間之相互依賴、支持與信賴……正面之家庭關係……以及繼父母子女間之互動關係等，並無差異 Wilson 等

(1975) 則指稱，繼養或核心家庭長大之成人之成人家庭關係並無差別。多數繼子女都表示很喜歡其繼父母，而且彼此間相處得很好。

另一方面，也有些報告指出繼養家庭確實有調適上的問題。誠如之前提到過的，孩子與居住在一起之親生父母親間，較其與繼父母間的關係來得好。繼父母子女間之關愛較少，繼子女對繼父母也多持負面看法 (Bowerman and Irish, 1962; Halprin and Smith, 1983) 。最近一項針對繼養家庭中孩子之福祉方面的研究指出，離婚或再婚家庭中的孩子比正常家庭中的孩子呈現出更大壓力及分裂性行為 (Jacobson, 即將出版：Peterson and Zill, 1986) 。不過我們並無意即將此解讀為繼養家庭子女需要心理治療。

曾有專家認為，再婚者對其婚姻之滿意度可以繼父母子女間之關係為指標 (Crosbie-Burnett, 1984) 。甚至於可以說，再婚後孩子是否適應良好，以其和不住在一起之生父（或生母）之關係來衡量，還不如以繼父母子女間之關係為依歸 (Furstenberg and Selzer, 1983; Furstenberg et al., 1983) 。此係多項不論抽樣多寡之研究所獲致之一致結論。例如，Pink與Wampler (1985) 近年針對家庭功能與繼父／青春期子女關係之品質，曾晤談28個繼養家庭以及28個初婚家庭，結果發現繼父母家庭中不論是母親、繼父或青春期子女對家之向心力、適應性以及繼父／青春期子女關係之品質等方面都較初婚家庭來的低。至於母親與青春期子女間關係則無明顯差異。

多項研究亦曾探討繼父母子女間關係之其他面向。比方說，Clingempeel 等人（1984）指出，繼子女、繼父母及生父母在評比繼父女關係時，普遍認爲是相當疏離。此一研究中，雖然繼父母對繼女或繼子之態度一致，女孩與繼父母之關係在語言溝通及如何解決問題等方面都表現得比男孩差。Clingempeel 等心理學家於1985年所進行之另一項研究亦獲致類似結果。必須強調的是，研究人員之旨趣在於決定複雜之繼父母子女互動關係所可能造成的影響。而研究顯示，在親密或疏離、正面或負面之語言溝通、以及如何解決問題方面，究竟是單純（妻子自前次婚姻獲得孩子之監護權，而丈夫沒有孩子）或複雜（妻子自前次婚姻獲得孩子之監護權，而丈夫是無孩子監護權之父親）之繼父家庭，所得結果並無二致。

其他社會關係

多數針對再婚與繼養關係對孩子與朋友、同輩及其他關係架構中之社會性互動所產生影響之研究都指出，繼養家庭的孩子並不比其他類型家庭的孩子困擾多。Ganong以及Coleman （1984, p.108）對此類結果之歸論最爲貼切：

> 在同儕關係……偏差行爲……偏差之友朋關係……嗑藥……學校行爲……以及是否上教堂等等，繼養家庭或雙核心家庭的孩子並沒什麼不同。

Furstenberg、Nord、Peterson 與 Zill 於1983年進行之全國兒童普查（National Survey of Children）則不曾獲得如此正面之結果。這些研究人員的結論爲，繼養家庭長大的孩子在各類行爲問題（behavior problems）上，都比在不曾經歷過婚變之家庭中長大的孩子來得脆弱。某些早期之研究亦支持全國兒童普查所獲得之結論。比方說，Barbara Dahl、Hamilton Mccubbin及Gary Lester（1976）發現繼父母家庭的孩子之社會調適（social adjustment）能力較弱。Shepard Kellam、Margaret Ensminger 及 Jay Turner（1977）則結論道，繼養家庭的孩子其適應社會之能力幾乎與由母親獲得監護權之單親家庭長大的孩子一樣「岌岌可危」。上述兩項研究都是以新建立之繼養家庭爲抽樣對象。全國兒童普查之資料顯示所謂「岌岌可危」一語，甚至適用於經過繼養家庭形成階段之繼養家庭的孩子。

簡而言之，再婚對孩子之發展究竟有何影響尚難遽下斷論。我們只能說，對經歷過父母離婚或再婚的孩子應多加關切並預防一些潛在之危機。多數婚姻狀態之轉變係在相當短的時間內發生，迫使孩子得迅速面對許多變化並自我調適。對許多孩子而言，他們所無法面對的未必是變化本身，而可能是變化來得太快讓人措手不及。目前對此一問題並無深入研究。就再婚對孩子之各方面影響而言，不妨引Furstenberg等人（1983, p.667）對此一狀況之摘要：「離婚與再婚之日漸普遍已深深影響親子之互動關係。過去幾十年間在成長經歷上的改變，也許比美國史上之任何時期都來得大。」

孩子對婚姻的破壞力

多位研究者指稱，再婚後有繼子女者之離婚率較高 (Becker et al., 1977; Cherlin, 1978; White and Booth, 1985) 。從三方面來看，這種說法是成立的。第一，再婚家庭一加入孩子便會使得生活的調適更爲困難。請聽聽一位結婚五年半之29 歲婦女的心聲：

> 我丈夫的孩子來自其前兩次婚姻。他的一個前妻帶著兩個孩子；另一個前妻則帶著另一個孩子。我不曾生育，我們兩個也不想再有孩子。他的兩個較大的孩子跟我們住了一年半，我簡直要抓狂了。不過，事情終於解決，孩子走了，日子也棒透了！我的婚姻極爲美滿，我們眞的很快樂。我想，我們不會失去對方。

就這樁婚姻而言，看不出來孩子爲什麼會造成牽絆。不過在前幾章中，我們曾討論過一些可能造成問題的成因。比方說，孩子的確會限制夫妻之隱密性及親密的機會；繼母尤其很難帶養其他女人的孩子；以及，再婚夫妻如果帶著孩子，即得在適應婚姻的同時亦處理許多家庭事務。

區別婚姻與家庭是一件非常重要的事。夫妻間也許對兩人之間的行爲以及個人關係有一致性（eye-to-eye）的看法，但是對孩子行爲之「好壞」的認定，或者是孩子「應」遵循哪些規範等之看法大相逕庭。一旦孩子違背規範，夫妻間對於如何懲處的觀點也可能南轅北轍。初婚夫妻在教養孩子時也可能出現歧見，但是，繼父母家庭的孩子並非再婚夫妻兩人所共有之親生子女，除非孩子是與未婚之母親居住，否則必然經歷被另一個「父親」或「母親」教養的歷程。

其次，如何懲處孩子即是再婚夫妻間的衝突來源之一。幾乎所有再婚夫妻都一致認定懲戒是再婚後最棘手的問題，而繼父母家庭中青春期的孩子亦有相同看法。懲戒意指建立並施行家庭規範。多數繼父母都認爲「舊」家庭之行事方法應重新來過，而對孩子之行爲設定新的標準。根據Lutz（1983）所進行之研究，80%青春期的孩子表示他們對此有過親身體驗。他們必須「接受並調適來自繼父母之新規範」，以及「順應繼父母之期望」。青春期的孩子認爲這些狀況給他們造成很大的壓力。

對成人來說，懲處孩子同樣是一種壓力。由於親子間之牽繫，碰到是否應懲處孩子、如何懲處以及懲處的輕重度等等，常會在孩子與新配偶間左右爲難。此一形勢碰上對孩子行爲模式的不同解讀會愈加陷於困境。多數情形下，孩子之眞正行爲並不重要，引發衝突的是孩子作某一行爲的動機。比方說，一個16歲的男孩未經允許就把家裡的車開出去，其生父母與繼父母就可能抱持相當不同的看法。也許雙方都認爲孩子的行爲是不對的，但是，對孩子之動機、道德意識、或是在各種情況下應如何懲處等，雙方之看法可能大相逕庭。不同的解讀便可能導致再婚夫妻間之衝突與意見上的分歧。甚至於，親子間可能同仇敵愾地抗拒繼父母。

第三方面則是，雖然在父母親決定再婚並重組新家庭時孩子並沒有說不的權利，事後要使新家解體他們倒是很使得上力。孩子可以強化親子間之差異來製造親子間的不合。孩子也有能力使得生父母與繼父母間、兄弟姊妹與雙親間，以及繼兄弟姊妹與自己的兄弟姊妹間產生齟齬。結果，由於孩子係雙核心家庭間之連結，他（或她）便可使得兩家間比長較短，或使得準親屬或衍生之親屬都攪進家庭事務裡來。親屬之干擾便是再婚夫妻間產生衝突的潛在來源。

本章是相當冗長的一章，我們以回顧監護權安排的流變著筆，並定義各類型之監護。當代最普遍之監護安排爲孩子與母親居住而父親前往「探視」。我們知道父親之參與經常是越來越淡，尤其會在前任配偶再婚後譜上休止符。研究顯示，10%至25%的父親在離婚後便完全不與孩子聯絡。不住在一起之母親比不住在一起之父親較常與孩子聯繫。孩子在父母離婚後之居住狀態仍可能有所轉變，而搬去與另一方居住。最常見的情形是男孩到了青春期時會自母親家搬去與父親同住。據估計，約有11%至20%孩子會改變居所（Ihinger-Tallman, 1985）。由孩子對繼養家庭生活之調適顯示，男孩之適應能力比女孩強，孩子在繼父家庭又比繼母家庭容易適應。不過，上述結論並未考量自尊、心理功能、家庭關係以及孩子之其他社會關係等層面。此外，我們也述及孩子在雙親決定再婚時之無能爲力，以及，如果有意，孩子如何能破壞再婚夫妻苦心經營之團結及向心力。

問題討論

1. 若想眞正瞭解再婚對孩子之影響，必須探究那些問題？（目前所知資料上尚有那些缺漏？）
2. 再婚夫妻應該如何減少孩子對其婚姻關係所產生之負面影響？
3. 試述孩子在繼養家庭中適應良好之狀況。以及，適應不良之狀況。

建議讀物

CLINGEMPEEL, W. G. and N. D. REPPUCCI (1982). Joint custody after divorce: Major issues and goals for research. *Psychology Bulletin 91*, 102-129.

LUEPNITZ, D. A. (1982) .*Child Custody: A Study of Families After Divorce.* Lexington, MA: D.C. Heath.

PETERSON, J. L. and N. ZILL (1986). *Marital disruption, parent-child relationships, and behavior problems in children.* Journal of Marriage and the Family

48: 295-307.

第六章
繼養、親族與朋友關係

晤訪一位20歲的大學新生Michelle。她是五姊妹（其中一個是繼姊妹）中年紀最小的一個。父親在她11歲那年依法爭取到三個年紀較小孩子的監護權。她於上大學前七年開始和父親及繼母同住。繼母Helen是高中老師以及學校啦啦隊指導老師。Michelle和其繼姊都是啦啦隊隊員。

〔訪談者〕：你繼母是怎樣的人？

Michelle：她非常沈靜，而且不太和人說話。即使我有朋友到家裡來，她會簡短地說聲：「嗨」，但是她並不眞正……那種氣氛上的改變讓人有點兒害怕……我也說不上來，總之我們不怎麼處得來……Stephanie［我的繼姐］離家去上大學以後，我是家中唯一的孩子，那段高中歲月的確不好過。她是眞的非常惱怒Stephanie走了，而我老在那兒。給人的感覺就像是，怎麼是你在這兒而不是她？……那是關係最緊張的一段時期，我幾乎從未眞正好好坐下跟她談過一次話。我覺得好緊張……而看起來，不只是我，其他孩子也有相同的感覺。所以Sarah才不願意搬進來。我覺得，那種關係眞得很不自在，不過直到今天我仍覺得我是家裡眞的唯一曾和繼母相處過的人，滿遺憾的。

〔訪談者〕：Stephanie呢？她和你父親貼心嗎？

Michelle：小時候很親，不過現在她生父也回到愛荷華（Iowa）了。比起我跟繼母，她和父親聊得較多，不過，還是沒有以往那麼親了。

〔訪談者〕：姊妹間感情如何？

Michelle：我覺得彼此間蠻關心，也常聯絡，比跟父母間聯絡的勤。

常用以形容繼養家庭成員間關係的詞彙爲：複雜、壓抑、壓力以及深感威脅。一般看法是離婚又再婚後，親族網絡會隨之擴增（Bohannan, 1970; Riley, 1982）。不過研究所得並不支持此一論說（Furstenberg, 1981; Furstenberg and Nord, 1985）。本章之重點即在討論繼養家庭關係之各種特質。

繼父母子女間的關係

時、地上的親近（propinquity）與親子間互動的本質間之關係，長久以來一直沒有交集。繼父母子女間如果是天天相處，比起鮮少看到繼子女之繼父母，當然有更多機會去培養感情，但是同樣可能產生更多衝突。跟孩子住在一起的好處之一是親子間之情感、規範及日常習慣會變得習以為常，而且得以發展新的習慣和儀節。相對地，偶而來住的孩子由於會忘了應有的規範和習慣而會覺得（或者是其他家庭成員會讓其覺得）格格不入。而且，家裡可能並沒有他們或其所屬物品的「生活空間」（比方說，他們得睡沙發）。本章的較後章節會探討，如果孩子感受到自己與其他長久住在家中的兄弟姊妹或繼兄弟姊妹有不平等待遇時，會產生何種狀況。繼父母對繼子女的造訪往往是愛恨交加。他們固然期望看到孩子，但是如果孩子表現出敵意或是類似的愛恨交加情緒，則又會讓人失望。結果是，繼父母可能視孩子之造訪為寧靜家庭生活的漣漪——而將孩子之造訪定義為某種必須忍耐的時光，一旦結束，心中便暗自竊喜。各類著述顯示男性與女性在扮演繼父母的角色時有其不同的困擾，我們會在以下的章節中討論。

常見之繼父型困擾

繼父對自己的評價經常低於其配偶或繼子女對其之評價（Bohannan and Yahraes, 1979）。與生父相比，繼父也常覺得其與繼子女間之肢體接觸或情感交流較爲淡薄（Weingarten, 1980）。Duberman（1975）之研究報告支持此一繼父與繼子女間之疏離感。她係以88個繼養家庭之繼父爲樣本，其中多數都表示無法感受到與繼子女間相互之愛與尊敬。而只有53%的繼父有親輩的感覺，且會試著協助孩子如何適應社會需求。

有些繼父得同時負責自己子女與繼子女的成長，來自雙方面的壓力責任重大。如果父親因而覺得對自己的親生子女照顧不週，罪惡感便油然產生。不過，有些父親會認爲如果其子女的生活中出現繼父（亦即是，其前妻再婚），其扶養孩子的責任即應與另一個男人分擔。根據Tropf（1984）早期之報告，18%的父親有此一想法；35%的父親認爲繼子女之財務支援應由繼父負責。由於根本不到半數的父親會支付不與其住在一起子女的扶養費，我們不得不承認或許抱持此一想法的父親要遠高過數字所顯示的百分比。

繼父之滿意度從何產生？James Anderson（1982）曾詢問過110位繼父對其角色的看法，發現繼父之滿意度和其與繼子女溝通之頻繁度成正比。此外，如果妻子對其參與及教養子女抱支持態度，其生活之滿意度愈高。Mark Hafkin（1981）則指出，如繼父並無親生子女，其與繼子女之生活愈交融則其滿意度愈高。如繼父有住在他處之親生子女，繼父與繼子女間則無此一正面關係。因此，是否有其親生子女是影響其親爲繼父之滿意度的因素之一。

誠如在前面幾章提到的，孩子的性別也會影響繼父與繼子女間的關係：女孩即比男孩較難和繼父相處（Clingempeel et al., 1984; Santrock et al., 1982）。或許，這是在單親階段所發展出的親密及依賴關係——該親密關係因再婚而受到干擾。

常見之繼母型困擾

雖然只有少數研究係以繼母爲主，所得結果倒是頗爲一致。繼母家庭之成員間互動顯得更爲困難重重。其成因不一。其中一種說法是，與繼母同居之家庭其性質在一開始即與繼父型家庭不同。Furstenberg及Nord（1985, p.902）表示：

> 可能是與父親住在一起的孩子，在父母協商監護權階段即已看多爭吵場面，或是原本即處在一問題家庭。

Giles-Sims（1985）之研究支持此一說法。她發現雙親之監護權通常是在離婚時或母親無法處理青春期子女（通常是男孩）之情況下塵埃落定。當孩子因母親沒輒而自母親住處搬至父親居所，父親及繼母所獲得的是一個比多數同年齡孩子更需要管教的子女。即使是功能運作良好的家庭，在孩子之青春期都需給予較大之彈性及獨立性（Olson et al., 1983），而繼父母家庭之其青春期子女如係因難以管教才搬來居住，如何奢言要繼母給予較大彈性？

另一個可能使繼母覺得爲難的情況是，她也許不曾預期得作一個全職的繼父母。比方說，一個根本不想有孩子的再婚女性，或許忽然間就成了全職繼母。一位現年36歲、已婚四年，任職一醫療機構經理的繼母表示：

> 我很慶幸我們的第二次婚姻並沒眞正遇上什麼問題。我丈夫的前次婚姻有個11歲大的兒子。今年夏天決定讓他由加州搬來和我們住。我自己沒生養過孩子，這一生中和孩子相處的機會也不多，當然對於此一安排會產生什麼責任，或是會因而失去多大自由毫無概念。大約過了6個月，我現在已經較能適應目前的狀況。我想說的是，我在置身此一狀況時，最渴望的就是能和有過類似經驗的人談談。幸好我有個體貼的丈夫，孩子也非常乖巧。

Janice Nadler (1976) 曾以24位兼職繼母、24位全職繼母以及24位生母爲晤訪對象，就繼母角色之「內在」及與「他人」間之衝突提供一些資料。就家庭關係而言，不論是兼職或全職的繼母都比生母感受到較大之內在衝突（壓抑與憤怒）。兼職繼母在家庭關係之參與度上較缺乏成就感，並表示在家庭生活、親職角色、財務、與親戚間互動、以及和社區之其他人間的互動等等各方面都有較多的衝突。不過，這些結果的嚴重度依孩子之年齡層而異。繼母與較年幼的繼子女生活在一起，則其婚姻調適度低，並且以其情形與生母與年幼的孩子相處相比，繼母會與配偶及子女產生較多衝突。全職繼母與年紀較大之繼子女間，則易在夫妻間因孩子的教養問題產生衝突，因此相對於生母之與其較大子女相處，繼母對婚姻之滿意度較低。最後還需一提的是，帶養較大孩子之繼母表示，其與繼子女間之衝突大於兼職繼母與較小孩子，或者是生母與任何年齡層的孩子。因此在兼職或全職之繼母間，亦或是兩類繼母與生母間，其間皆有相當大的差異。此外，繼子女之年紀亦會影響親子間之互動，以致全職繼母之問題最多，尤其是很難與年紀較大的繼子女相處。不過，由於抽樣樣本量小，其結果猶需進一步確認。

Elsa Ferri (1984) 就全英國之孩童進行一項繼父母家庭關係研究，對繼父母家庭、單親家庭以及與生父母住在一起的孩子加以比較。四分之一的女孩明白指出和繼父母處不來，初婚家庭則只有5%的女孩與父母相處不洽。繼母家庭中有16%的男孩表示和繼母處不來（初婚家庭之比率則只有4%）。

由於我們的社會鼓勵女性擔負起教養孩子的責任，繼母（即使只是兼職）因此會負責教導繼子女傳統上所需之社會化行為，此一「教化」角色即意味著繼母與繼子女間之較多接觸，接觸一頻繁，衝突便可能隨之產生。

心理學家Clingempeel、Ievoli 與Brand (1984) 所作

之研究顯示，繼母與繼子女間之關係因繼子女之性別而異。該項研究中，繼母與繼女間之關係最差。如果繼女感受不到來自繼母的愛，便會變得攻擊性較強、較不服從管教，以及較不尊重自己。願意與繼女溝通之繼母，其繼女會較爲自尊自重。繼母與繼女間的關係會因繼女常造訪其生母而受到影響；這方面，在繼母與繼子間則未必如此。其他研究亦認爲與生母之定期接觸會給繼養家庭帶來壓力，並使孩子與繼母間的關係複雜化，原因之一即是，孩子會覺得母親比父親更難以取代（Furstenberg and Nord, 1985）。

本節結束之前，必須提醒大家的一點是，所有研究繼養家庭問題者，涉及的都只是極少數的孩子。對多數再婚家庭的孩子而言，其繼父母間的問題不是尚未浮上檯面，便是未在報告中提出。再婚家庭的成員間也許沒有初婚家庭來的親密，身心烙痕及危機倒未必嚴重（Duberman, 1975; Ferri, 1984）。

繼父母之回饋

研究報告中很少提及養育別人孩子的益處。即使提及，多半是負面說辭。我們卻相信繼養家庭也有其長處。

其中之一即是，教養孩子的責任可以與另一家庭分擔。如果與前妻之關係良好，或許即可自全職之親職責任中獲得稍微喘口氣的機會。

另一項好處是教養孩子的過程中，繼父母的角度（可能）會較爲客觀。由於在情感的聯繫或界定上，繼父母與孩子間並不像親生父母那麼契近，於是可以從比較客觀的距離來審視孩子及其親生父母，並且在發生衝突時擔任一較中立之仲裁角色。此一「旁觀者」觀點亦即意味著得以自內在觀察隱藏在親子之互動模式間當事者所無法察覺的問題。比方說，太會隱藏自己感覺的母親也許不曾意識到其自我的行爲。其丈夫在觀察母子間的互動時便能幫其體會到，如果她想獲得孩子的尊重，除滿足孩子的需求外，她也必須尊重並滿足自己的需求。

把繼子女視爲朋友的繼父母也可以就孩子的需求作較客觀的建議。比方說，孩子可能會問繼父母如何向自己的生父母提出要求。當孩子覺得有些事不知如何和生父母討論時，繼父母可以是朋友、支柱及資訊來源。

繼父母在藝術、音樂、文學、運動或休閒等方面也可以爲家庭提供新的概念或不同看法。繼父母家庭的新成員將不同的價值觀或經驗帶進家裡來時，全家之視野及機會亦隨之擴張。最後要提出來的一點（可不是最不重要的一點）是，只有在離婚後再婚的情況下，孩子才可能隨著生父或生母在起居上重作安排。初婚家庭的親族網絡當然也能提供孩子之其他居所，但是唯有在離婚後再婚的情形下，孩子得以和生父或生母（是孩子自生命伊始即最爲親近的人）居住在一起。

簡而言之，檢視繼父母所遇難題之研究通常發現繼父之自我形象不若其配偶或子女對其之認同。一般說來，繼父與繼子女較爲疏離，且親子雙方皆能意識到此種疏離感。根據各項研究成果，繼養家庭中滿意度最低的則爲繼母此一角色。孩子對再婚家庭生活之適應因性別而異，而帶給繼母不同程度之困擾。父母再婚後，女孩對新家庭之適應力通常低於男孩。不可忽略的是，不論是成人或孩子都能自繼養家庭汲取到其長處，而豐富其繼養家庭成員之生活。

手足關係

不論是離婚或鰥寡之父（母）親再婚，親屬網絡都會延伸，而使得孩子與繼養關係之親屬有多方面發展。本章結尾會多方面探討此一親族關係。親屬關係中，除父母外，最親近的即是手足關係。本節即要討論再婚對手足關係與繼手足關係之影響。

繼兄弟姊妹

由於無法正確得知有多少在前次婚姻中已有孩子之男人再婚時娶了已有孩子之女人，因而無從得知究竟有多少孩子有繼兄弟姊妹。根據對威斯康辛州所作之一項長期性研究，四分之三之再婚男性在前次婚姻中已有孩子（Sewell and Hauser, 1975）。Larry Bumpass （1984）估計約有40%至50%的孩子加入再婚家庭時已有繼兄弟姊妹。因此，雖然無法得知正確之數據，我們仍能得到在繼養家庭中有爲數可觀的孩子有繼兄弟姊妹之結論。同時我們可以相當準確地推測，這類繼兄弟姊妹關係絕大多數屬於「拜訪性」性質，因爲繼父的孩子通常是與其生母住在別的地方。誠如本書前面之章節所述，孩子之偶而造訪會因一種或多種理由而有所改變。第五章中指出，20%的孩子會自母（父）親家搬至父（母）親家。此時，繼兄弟姊妹間之關係亦隨而改變。

調適繼兄弟姊妹關係時所遇之困擾

有關繼兄弟姊妹關係之實徵（empirical）報告少之又少。一項針對103位青少年所進行之研究（Lutz, 1973）指出，繼兄弟姊妹關係的確會帶來相當大的壓力。受訪之年輕人中有多位寫道，他們在：⑴雙親在家中爲孩子的事爭吵時，以及⑵家中之子女與繼子女受到不平等待遇時，感受到壓力。

Ihinger-Tallman （1985）曾針對兄弟姊妹與繼兄弟姊妹關係對十二位大學生進行一項小規模之研究。以下說明此項晤談之本質，由於此個案之對象有限，所得結果只是建議性質。

不論繼兄弟姊妹是否住在一起，本質上仍會傾向於喜歡對方。資料顯示，即使孩子間有敵意或憎厭的感覺，該情緒並不會在所有手足間蔓延，而只是指向某一特定對象。孩子提及惡劣情緒時，通常和父母或繼父母之不平等待遇相關——而受訪的青少年幾乎都有過此一經驗。

如果繼兄弟姊妹之年紀相近而且性別相同，不平等待遇有時反而會使得他們更爲契近。比方說，讀五年級的Michelle（本章一開始時即引過她的感想）搬去與父親同住時，開始和大她幾個月的Stephanie一起生活。Michelle說頭兩年兩人間不是打打鬧鬧便是漠視對方的存在。雖然說不上是類似於灰姑娘的狀況，此一時期兩人都漸漸意識到Michelle的繼母對她及Stephanie有不同的要求。到了唸七年級時兩人都開始對男孩感興趣，並分享其在學校生活之體驗。大約就在這個時期，每當Stephanie的母親要求Michelle去做Stephanie所不用做的事時，Stephanie會站在Michelle這邊，和母親起爭執。Michelle說基於兩人之共同利益以及繼母之不平等對待，反而使得兩人更爲親近。

使得繼兄弟姊妹間關係緊張的另一個原因爲，孩子覺得父親對繼兄弟姊妹比較不那麼嚴厲。比方說孩子如果把屋內弄得一團糟或是背地裡說大人壞話，便會受到責罰，但是繼母可以容忍其親生子女有類似行爲。孩子因而會心生怨恨，不過通常不會影響繼兄弟姊妹間的感情。孩子似乎瞭解，其父親的確比較難管教別人的孩子。如果孩子因而產生負面情緒，其對象多爲繼母，而非繼兄弟姊妹或其生父。

臨床學家曾討論過青少年期之繼兄弟姊妹的性別可能也會影響彼此間的關係，不過尙未進行相關之研究。家庭診療學家David Baptiste（1986, p.5）認爲：「繼養家庭之缺乏近親相姦之禁忌，可能會鬆懈了性方面的藩籬，甚至有性牽扯。」他認爲異性之青年期繼兄弟姊妹所以有衝突及敵意，也許是爲了避免在彼此間產生強烈之情感或相繫。但是再婚夫妻若覺得孩子間之敵意係因爲家庭未能成爲一親密之體系，而刻意讓繼兄弟姊妹化敵爲友，結果便可能因彼此間的好感加上肉體上的牽引，喚醒了性意識。有些臨床學家認爲，要去除此一危機，應讓孩子清楚意識到要抗拒與生活在一起的人約會其實眞是非常不容易。一旦彰顯此一困境並加以討論，孩子便能坦承其難以視無血緣關係的人如同兄弟或姊妹，於是可以解除壓力及消弭衝突。

雖然已有許多臨床上之資料顯示繼父母家庭成員間之性吸引力是個值得重視的問題，相關之研究仍乏人問津。我們在進行研究時曾問過家長是否認爲家庭成員間之性吸引力係家庭問題之一，在784個回覆者中，只有3.8%認同此一觀點（Pasley and Ihinger-Tallman, 1980）。

兄弟姊妹與繼兄弟姊妹間之聯結（bonding）

手足間之社會化過程是個鮮少有人研究的領域。如果研究之主題係家庭中的孩子，由於一般皆認爲父母即是教養孩子社會化之主要角色，因而會將重點置於親子關係上。事實上，兄弟姊妹並不單純只是共有家庭環境之成員而已，同時也是彼此在社會化過程中之重要助力。藉由彼此間在日常生活上的互動，兄弟姊妹間可幫助彼此開展出個人之自我意識與認同。此外，多數家庭中之兄弟姊妹間都能發揮許多功能，比如保護或捍衛某個孩子（以對抗父母、其他兄弟姊妹或外來者）；引導其他人認識外在世界；相互學習社會關係及平等、正義、結盟等之社會化過程；以及學習如何與人協商等等。兄弟姊妹間會彼此審視並糾正對方的行爲；他們會交換資訊、互通有無，並結交共同的朋友（Schvandevelt and Ihinger, 1979）。

有些研究人員爲解釋兄弟姊妹間所以會感情深厚的成因，試圖界定強化其相繫力之行爲或情境。臨床學家Stephen Bank 與 Michael Kahn（1982）認爲孩子會在父母無法適當滿足其需求時發展出強烈的向心力。雖然有的父母的確會有所疏失，大致上說來，上述作者並不認爲父母係有意如此。如果父母心有餘而力不足，多半是因爲離婚、死亡、長期失業、生病、或是有情緒或精神上的問題。遇到此類家庭危機時，如果孩子不得不互相依賴以尋求保護或生活之所需，彼此便可能有強烈的相屬感。Elinor Rosenberg（1980）同意此一看法，並強調如果父母無法滿足孩子之生理或情感上需求，孩子自然會彼此尋求此種安全感。不過這並不表示孩子就自然會相互幫助。爲滿足個人需求及/或因內在心靈上之衝突，孩子間也可能產生衝突及競爭。因此要開展兄弟姊妹間的親密意識，尚須佐以其他因素。該類因素已在近期之一篇文章中詳加討論（Ihinger-Tallman, 即將出版），以下僅就概念部分加以簡述。

加強手足關係之一項必要因素爲容易親近，這是兄弟姊妹間能否建立親密關係的先決條件。如果年紀相近且性別相同，自然就容易親近，不過，有時候也可能係因相互依賴而建立此一關係。比方說，長姊在父母分居或離婚後立即取代部分母職以照顧年幼的弟妹，便會增加自己與其他弟妹間的親近機會。她可以給弟妹讀床邊故事；替他們準備早餐；或者是協助其作功課。彼此間頻繁之互動及依賴感會增進其親密關係。由於親近，而加深彼此間的依賴、經驗共享、進而有良好的互動關係。

手足間的相繫並不一定要是彼此盡其所能地去喜歡對方。兄弟姊妹間縱使彼此認同且共享心事，仍會強烈渴望發展出自我——亦即是，他（她）是獨立於其他兄弟姊妹的個體。當這種獨立意識過強時，孩子甚至會不肯接近或者是阻撓彼此間的相屬關係。另一項妨礙手足間親密關係的情況是，父母或祖父母在孩子間作負面之比較。不論係有意或無意地評比孩子之行爲或表現，都會產生嫉妒、敵意或競爭等結果。有些成人表示，孩提時代因老是比較所產生之嫉妒心態，直到長大成人後仍無法去除（Ross and Milgram, 1982）。

促進繼兄弟姊妹間情感之因素，與促使親手足間感情交融之因素類似。年齡與性別相近、彼此間的互動、相互依賴以及經驗分享等等，都會使得繼兄弟姊妹更爲契近。上述種種都可反映出同聲一氣的各項好處。不過，一旦覺得這種結盟型態的相處模式弊多於利時，繼兄弟姊妹間便不會發展出親密關係。事實上，還可能因此而刻意疏離。造成此種結果的因素不一，包括：覺得由於繼兄弟姊妹的出現而自親生父母或親手足間所獲得之時間、關注、資源及呵愛皆減少等等。如果必須與繼兄弟姊妹分享朋友與所有物（如房間、玩具及寵物），同樣會抱怨連連。有些孩子因爲和母（父）親搬至繼父（母）親與繼兄弟姊妹處居住而不得不做相當大的犧牲。一位青少年在和母親搬入繼父與繼兄弟姊妹處住了三個月後，忍不住抱怨：「我們得放棄一切，他們卻連吹風機的樣式都不必換一下。」

Duberman於1975年所進行研究中，發現兩項可促進和諧之繼兄弟姊妹關係的因素。其一是，夫妻間是否關係良好；再者，繼父母與繼子女間是否相處融洽。符合上述條件，則繼兄弟姊妹間較可能有良好關係。在Duberman之研究中，某些再婚夫妻覺得如果兩人在婚後能生養共有之孩子（係其他孩子之異父（母）兄弟姊妹）則會增進家中孩子的感情。以下就來看看繼養家庭中孩子獲得異父（母）兄弟姊妹的機率。

異父（母）兄弟姊妹

根據1980年之普查資料，Bumpass（1984）估計約有66%的孩子在父母再婚後會有繼兄弟姊妹或異父（母）兄弟姊妹。大約16%可擁有兩者。

大約有半數的孩子其母親是在不到三十歲時再婚。也就是說，多數孩子在開始其繼父母家庭生活時年紀都還小。Bumpass 表示，其年齡層分佈爲約有33%係學齡前，49%係就學年紀，僅有16%是青少年（14至17歲）。

由於女性再婚時之年齡還相當輕，其再生養孩子之時機應是在婚後之前四年——80%之新生兒確是誕生在此一時期。約有11%的孩子其母親再婚時已懷有身孕。24%的孩子於母親再婚後的十八個月內獲得異兄弟姊妹。不過，異兄弟姊妹之出生率已有下降趨勢。一如出生率之普遍下降，再婚夫妻之頭胎孩子的出生率亦於1970年代開始下降。因此雖然離婚與再婚率上昇使得繼養家庭的孩子數增多，這類家庭中之共有孩子數仍然極少。

如果孩子之繼父之前已結過婚，獲得異兄弟姊妹的機率更小。如果繼父之前未曾結過婚，孩子獲得異兄弟姊妹之機率為44%，若繼父已有過婚姻經驗，則機率降為26%。

我們對獲得異兄弟姊妹之機率，甚於對異兄弟姊妹間關係本質的瞭解。前面提到過Duberman（1975）曾對此一議題進行研究，其在報告中指出，再婚夫妻認為新生兒的誕生有助於促進繼養家庭中成員的感情。

簡而言之，從各方面來說，繼兄弟姊妹都是傾向於和諧相處的。原因之一是我們的社會規範要求家庭成員相親相愛（Adams, 1968），既然對繼親屬無相異規範，此一普遍性之社會期待亦適用於對待繼兄弟姊妹。一般說來，孩子對繼兄弟姊妹亦是抱持正面的情感。如果兄弟姊妹間年紀相近、經驗共享、彼此信賴，在各方面又受到平等對待，繼兄弟姊妹間之相處應是相當融洽。鮮少資料顯示異兄弟姊妹的誕生會影響家中其他孩子，或是妨礙孩子與異兄弟姊妹間之感情發展。

衍伸之親族脈絡與朋友

死亡與離婚會瓦解家庭成員之生活安排與型態。不但是核心家庭之關係崩解或改變，親族、朋友及社區網絡等都受到影響。根據就離婚後所作調適之研究，單親所面臨的最大困境之一即是失去社會支持。雖說男女雙方在離婚或配偶死亡後自己這方面的親族網絡通常仍保持來往，與前任配偶之親戚、朋友以及團體性聚會（比如會員或義務性質團體）則逐漸減少或停止（Spicer and Hampe, 1975; Renne, 1971）。一旦再婚，則會重新獲得與他人間之互動與支持，並且讓家人有機會與各繼養親族發展出新的關係。誠如前面所述，再婚可豐富孩子之親族網絡，並讓孩子享有更多人之關愛呵護。因離婚後再婚使得孩子成為更大家庭網絡之一員，是得以「分享」孩子的方式之一，可藉以平衡下降之出生率（Furstenberg, 1981; Riley, 1982）。對再婚後親族關係之質與量關係只有少量研究，以下即是可供參考之資料。

與祖父母的關係

核心家庭的孩子在經歷父母離婚或再婚的情感體驗時，通常會自家庭外之親族獲得支持，祖父母即是一種穩定的支持來源。至於支持圈能否擴大，通常視該祖父母係父親或母親之親屬而定。由於離婚後孩子大多與母親居住，與父親之親屬鏈關係通常會轉爲薄弱。不過，如果離婚後父親仍與孩子保持經常性聯絡，孩子與祖父母之關係即不會改變（Anspach, 1976; Spicer and Hampe, 1975）。我們對繼祖父母與孩子之關係的瞭解，以及此處所提供之資料，絕大部分來自於Furstenberg及其同事所進行的兩項研究。

許多母親都會爲了孩子而與前任配偶保持聯繫，並費心安排週末或假期性的拜訪。再婚者通常會覺得，「爲了孩子之情感或實質上的最佳利益，不應切斷其與原親族間之聯繫」（Furstenberg and Spanier, 1984, p.128）。即使離婚夫妻間相處不睦，仍會認同祖父母有探視孩子的權利。多數孩子每年仍會時而造訪其祖父母。根據Furstenberg與Spanier之賓州研究（1984），67%至75%的孩子每年會數度造訪其不住在一起之父親或母親的雙親；33%的孩子之造訪頻率則高達每月一次或兩次。

雙親再婚後孩子之繼祖父母通常都能接納孩子成爲家中的成員。根據全國性之兒童普查，¾再婚夫妻表示老一輩能接受其新的繼孫子女。伴隨老一輩對孩子之接納度，進而促使孩子能適應新的親屬系統。Furstenberg與Spanier（1984）認爲再婚後之親屬關係像是得以伸縮之手風琴，而非愈分愈小的派餅。

而長輩所以樂於接受新媳婦或女婿及其子女，則是旨在加強與其自己已成年子女間的關係。這應該是維繫親屬鏈的有效方式，如果老一輩不視新媳婦或女婿及其子女爲家庭中成員，或許會危及其與再婚子女間的情感（Furstenberg and Spanier, 1984)。

朋友關係

離婚或再婚亦會影響朋友關係。根據一項對再婚婦女所進行之研究，只有50%的人在分居期間或離婚後仍和老朋友保持聯絡。朋友顯然覺得很難在夫妻離婚後與雙方都維持忠誠關係（Goode, 1965）。不過，在離婚雙方處於低潮期時，朋友確實是非常重要之精神支柱。

Rubin（1985）於其近期就友情所作之研究指出，已婚夫妻之離婚朋友如果不快樂，與其保持聯繫則有助於維繫夫妻間之感情，因為朋友的狀況會一再提醒他們，不論在婚姻生活上有任何煩惱，已婚仍比單身好。不過如果離了婚的朋友非常快活，與其持續交往則可能更凸顯已婚夫妻間之生活與情感衝突。

另一位研究分居與離婚議題之作者則寫道：「不論如何，分居期間都是舊友消失而結交新友的時期」（Halem, 1982,p. 151）。Lynne Halem（1982）對離婚者所作採樣指出，42%之離婚男性以及63%之離婚女性都認為不論是結識新的同性或異性朋友，都是伴隨分居而來的最大困擾之一。

就我們所知，並無針對再婚後之朋友關係所進行之研究。不過我們可以推測，既然再婚並不是一種危機狀態，再婚後之朋友關係應該也不會有什麼翻天覆地的變化。至於日常生活上的改變，應係伴隨再婚夫妻之需要而產生的變化，這與初婚夫妻與朋友間之互動無異。

與此議題相關而尚未付梓之研究報告爲親屬好友對再婚夫妻之支持度如何。約有34%之再婚者表示朋友及親屬是「極爲支持」，只有10%認爲得不到支持或所獲支持極少。

總結來看，關於再婚夫妻究竟將親屬及朋友融入其生活至何種程度之研究才剛起步。我們知道親屬與朋友是處於分居及／或離婚階段時之最重要精神支柱。再婚後，老一輩會對其新媳婦或女婿及其子女繼續支持及關照。至於離婚與再婚後朋友關係的消長，則所知甚少。既有之資料顯示，多數朋友會在離婚後斷絕關係。

問題討論

1. 如何在質的方面加強繼父母子女間的關係？
2. 繼母與繼女間之關係不睦，除本章所述之因素外，是否另有其他可能的解釋？
3. 如何解釋繼母與繼女以及繼母與繼子間關係的差異？
4. 夫妻間會如何加強手足間之親密關係？其努力成果是否會因孩子之年紀而異？
5. 繼養家庭成員與衍伸之親族間的何種互動關係可使得親族關係更爲豐富？

建議讀物

FURSTENBERG, F. F., Jr., and G. SPANIER (1984). *Recycling the Family: Remarriage After Divorce.* Beverly Hills, CA: Sage.

IHINGER-TALLMAN, M. (forthcoming) Sibling and stepsibling bonding in stepfamilies, in *Remarriage and Stepparenting Today: Research and Theory.* Beverly Hills, CA: Sage.

VISHER, E. B. and J. S. VISHER (1982). *How to Win as a Stepparent.* New York: Brunner/Mazel.

第七章
幫再婚夫妻熬過去

居 所

婚姻不是
一座屋子或一頂帳棚
那是種更早、更冷的狀態
在　森林的邊緣　沙漠的邊緣
像屋後斑剝的階梯
我們坐在屋外，吃著爆米花
像處在冰河倒退時的邊緣
即使在那麼遼遠
痛苦猶豫中我們存活了下來
才學著要起火

——出自Margaret Atwood詩選，
Simon and Schuster, 1976.
經作者同意翻印

本書前面的篇章已揭示再婚之複雜性，並強調導致高達

60%之再離婚率的種種問題。不過，如果換個角度來看，仍是有40%的再婚夫妻熬了過來。本章即要討論促進穩定婚姻生活之要素，並敍述如何協助再婚夫妻穩固其婚姻關係。尤其要摘述繼父母家庭發展過程中，經家庭診療學家與再婚夫妻共同商討後所概念化的兩項前景。此外也界定並敍述再婚家庭成員如何以正式或非正式管道獲取並使用促進家庭生活和諧之資訊。最後，則是提出與再婚相關之公共政策。其中多數建議來自於診療學家以及專業協助人員之臨床經驗。由於不是經驗值，基本上即有其限制，亦即是，該臨床資料係來自於工作人員對經歷壓力者之觀察，而非一般性之普查資料。換句話說，接受診療者並不能廣泛代表再婚夫妻之狀況。

不過，某些得自臨床之概念對所有繼父母家庭之調適都可以有相當大的助益。以下即是David Mills (1984) 以及Patricia Papernow (1984) 所發展出架構之概念敍述。

再婚家庭之調適模式

Mills與Papernow之模式各有其獨特理念，不過相通之主題亦相當明顯。二者都認爲繼養家庭之調適與整合係奠基於(1)家庭成員「放棄」對新組成家庭之夢想、幻想或不切實際的期望；(2)清楚瞭解各家庭成員之感受及需求，以及(3)以新的信諾心態視家庭爲一整體以發展規則、規範和各角色的定位。

再婚家庭成員能否袪除夢想而營建新的信諾有其先決條件。感到失落與傷痛並不是結束初婚家庭者的專屬權利，營建新家庭時亦會有類似的沈重體驗。對不切實際的事情抱有期望是一種痛苦的體會。比方說，女性如果在再婚時認爲或希望其新丈夫會是個溫柔、體貼的孩子典範，一旦面對丈夫與兒子間公開而敵意之衝突狀態，一定極其失望。放棄不實的幻想才能支持再婚夫妻有勇氣與信念爲新家庭撐下去。

放棄個人之夢想固然痛苦，如何步入第二及第三個主題，亦即是體認成員之需求及感受，並將其統合入新家庭之「主計畫」內，才是再婚家庭應進行之實際工作。欲達此一目的，家庭成員應針對其家庭之特殊需求開展出個人之角色定位，以及家中之規範、儀節。而在界定上述種種時，亦需盡力釐清家中之權利及控制權限。此即意味著再婚夫妻必需讓子女、繼子女以及既往或目前之親族清楚知道，他們會承擔起家庭責任以及主導家中活動，也唯有他們可以決定此家庭是否得以持續，或者是何時需告一結束。

Papernow 與Mills之模式亦提示多項得以使家中成員達成共同目標之一般性策略。比方，汲取有關繼養家庭生活眞實面貌之資訊，即有助於讓再婚家庭成員趁早掙脫不切實際之幻想，並使其瞭解其所面對之困難亦是多數（雖然未必是絕大多數）繼養家庭之常見問題。如何界定個人及家庭目標，以及設法完成目標，可以使家人產生共同意識及經驗，促進情感抒發及良性溝通模式。每當有任何情況發生，繼父母可採行適當之策略立即解決問題，以免日積月累而使成員間之感情惡化（Mills, 1984; Stern, 1978）。

一般性建議、教育性策略與診療性協調

之前討論之繼養家庭調適模式，可用於某些特定策略，此外，再婚家庭也還有其他資源管道。以下要討論三項資源。

協助搜尋資訊

協助搜尋資訊（information help-seeking）策略之最初目的是將再婚家庭的經驗正常化。不論是初婚或再婚夫妻都缺乏指引，以評估其體驗就一般家庭來說究竟是特別或正常性狀況。多數「專家」都建議，繼父母家庭之成員應儘早瞭解家庭之組成方式不一而足——不要只耽溺於初婚家庭的理想形式。

市場上自助式的書籍年年增多，其中不乏以個案方式，由繼父（或繼母）現身說法。或者是，由治療學家或各種協助性專業人員所執筆。Coleman，Ganong與Gringrich（1985）之報告指出，根據他們的調查，市面上約有半數之自助性書籍係由繼父母所著，他們係以其親身體驗，提出如何解決繼父母家庭中所常遇到的問題。

不但是流行性書籍的量增加，有關再婚與繼父母之父母經的話題也在流行性刊物，尤其是報章雜誌，引起更廣泛注意。最近有三組研究人員對一般性刊物（lay literature）之

內容進行分析以區分其趨勢與內容。Pasley與Ihinger-Tallman (1985) 檢視自1940至1980間流行雜誌所刊登之119篇文章（此一數據係在該期間所發表之所有文章），發現不但每年發表之文章數增加，以「眞人實事」爲主之篇數亦增加。同時也發現，總地來說一般性刊物所持態度越來越樂觀，同時，和專業性之文獻相較，其對複雜問題所提之方案也越來越簡單。在所檢視文章中所討論的各項主題中，最盛行的即是繼父母子女間的關係。我們的結論是，由於一般性刊物較專業性書刊之發行面廣，其中所發表的言論越多，越有助於將繼父母家庭之經驗「正常化」。

Laurel Lagoni與Alicia Skinner Cook (1985) 曾對五份流行雜誌之內容進行分析，研讀30篇文章，發現雖然在1961至1982年間那些雜誌中所發表有關繼父母家庭議題之文章數並未顯著增加，不過文章的內容的確都著重於孩子之需求以及繼父母角色之模糊性，而且鮮少探討財務及法律層面。誠如之前所提及的，我們也發現繼父母子女間的關係是文章中所檢視的重點（Pasley and Ihinger-Tallman, 1985）。

第三項研究則是檢視通俗文學中論及之繼父母家庭的優點（Coleman et al., 1985）。作者分析了44本自助型書籍與46篇雜誌文章；以及153本青少年小說（adolescent fiction books）。雖然在三種類型書刊中都論及繼父母家庭之潛在優點，但亦異口同聲地揭櫫繼父母家庭生活之問題。進行研究之作者擔心：「以問題爲導向會強化繼父母家庭之負面形象，使繼父母覺得自己係在與無法抗衡之力量對決而深受打擊」(p. 587)。

教育性策略

許多專家學者都認定婚前教育之重要性。該類教育可以是針對再婚／繼父母行爲模式之一小時演講，一天式的講習，或是一系列的研討會。這類計畫通常會讓參與者分享繼父母家庭所可能遇到之獨特經驗，使其對即將開展之生活抱持比較實際的期望。就形成預期之社會化（anticipatory socialization），指角色實際形成前之幻想、經驗、演練或準備）而言，教育計畫可以(1)讓成人與孩子就伴隨再婚與繼父母家庭生活而來之情感經驗先有心理準備，(2)加強雙方之有效溝通技巧，以及(3)檢視再婚夫妻爲調適新生活所產生之各種壓力。講習之重點在於宣導建立繼父母家庭時所可能遇到之問題，諸如：喪失自我、哀傷期、財務與法律考量，以及如何處理前次婚姻之孩子、居所、紀念品或如何與以往之朋友相處（Williams and O'Hern, 1979）等等。

以下三本廣爲大衆使用有關教育指南的書籍可供讀者參考。

CURRIER, C. (1982). *Learning to Step Together.* Boston, MA: Stepfamily Association of America.

LARSON, J. H. and J. D. ANDERSON (1984).

Effective Stepparenting. New York: Family Service Association of America.

ALBERT, L. and E. EINSTEIN (1986). *Strengthening Stepfamilies.* Circle Pines, MN: American Guidance Service.

教育計畫之成果如何，根據少數已進行之研究顯示，參與訓練確有一些正面效應，例如再婚夫妻對繼父母家庭生活會有較實際期望，彼此間衝突減少，並且增加對一己角色之認識（Brady and Ambler, 1982; Messinger et al., 1978）。

診療性協調

多數再婚夫妻在問題發生時並不傾向於向家庭診療學家、諮詢人員、心理學家或精神病學家求助，等到狀況已無法收拾，通常其嚴重性即使是教育計畫也使不上力。就多數再婚夫妻而言，此一結果通常意味著其家庭成員已歷經數月甚至數年之不睦期。此時生活已達痛苦之高峰期，而開始使人再次想到以離婚為解決之道。到了這種地步，才會有人想到向專家求助。通常，家庭中只會有一個人尋求治療。據常與繼父母家庭接觸之診療學家指出，一般說來最先出現的是繼母（Moynihan-Bradt, personal communication, April 13, 1986; E.B. Visher, personal communication, September 19, 1986）。如對象為繼母，其要求通常是驗證其對狀況之認知，以及解除其困惑。多數診療學家在此一時期所能作的是向其（不論是她或他）保證其所經驗的並非其「個人體驗」，尤其是要讓繼母在其遇到困難時擺脫此一迷思。

有時尋求診療的是孩子（Baptiste, 1983; Goldberg, 1982）。在此情形下，由於孩子之行為表現的問題根源也許來自更廣層面之家庭體系（包括祖父母及準親屬），診療學家通常會建議全家都接受諮詢。

臨床報告中對如何協助繼養家庭進行調適之建議多不勝數。欲進行檢視，診療學家應著重於：

1. 協助解除來自初次婚姻的痛楚；
2. 需同時考量再婚夫妻及孩子之需求；
3. 幫助家庭成員發展解決問題及協商之技巧；
4. 提供雙核心家庭解決複雜家庭事務之環境及可行之道；
5. 界定可促進繼父母子女間關係之繼父母行為模式；
6. 發展出彈性之角色、規範及儀式；以及加強父母之權威。

臨床學家一致認定診療學家必須考慮的範圍包括：誰應參與診療，父母所面臨的困境，以及家庭中那些成員所受影響最深（Sager et al., 1980; Visher and Visher, 即將出版）等等。上述考量與個案要求協助時係處於繼養家庭之發展中的那一階段息息相關。診療學家暨研究人員Papernow（1984）將繼養家庭之發展分為七個階段。她認為在第一階段（幻想期），也就是夫妻間憧憬立即的愛與調適時，診療學家不太可能涉入。孩子在此一階段可能會漠視繼父母之存在，期望他（或她）會離開，而親生父母破鏡重圓。繼養家庭在此一時期通常會參與某些教育計畫，但是診療學家還未在其求助之列。繼養家庭在經歷同化之第二階段仍不可能尋求專家協助。此時期成員會試圖落實其想像，但是仍對事情的錯誤進展僅有模糊意識。到了第三階段之覺醒期，通常家庭中會有人開始和診療學家接觸，雖然家中之次團體仍以血緣關係分支，夫妻間已經意識到如果要維繫家的完整必須要有所突破。到了動員與行動之第四及第五階段，則是強烈情感展現但衝突亦白熱化時期。此時沒有其親生子女之繼父或繼母會被以血緣爲主幹之次團體排除在外，但是夫妻間會共同致力於解決問題及釐清家庭疆域。家庭診療學家Emily及John Visher（其論著已付印）認爲，衍伸之親族及準親族應於此一階段亦接受諮詢。第六與第七之接觸與解決階段必須夫妻通力合作。由於繼父母致力釐清其角色定位，且繼父母家庭成員更能有效與一等親族溝通，從而奠立繼父母子女間之情感。

Fishman 與Hamel（1981）提醒輔導人員不要預設繼養家庭爲初婚家庭之複製品。如果無法區分出其間的差異，便無法依各繼養家庭之需要而開展出其角色定位及規範。Baptiste（1984）則對診療學家將家庭中之繼養家庭議題與因文化與種族所產生之問題區隔開來的態度深表關切。比方說，一個西班牙籍的丈夫可能因其文化傳承而對其英籍妻子有某些行爲上的要求，卻忽略了她是與其孩子住在一起之繼母角色。

其他作者則爲特定之專業團體提供了診療性協調之範例。比方說，Pasley 與 Ihinger- Tallman （1986）即爲學校體系之輔導人員提供許多建議。Coleman等人 （1984）則爲協助家庭孩子之教師多所建言，要求教師不要預設繼養家庭的孩子一定會有問題，或先入爲主地去想像孩子之繼養家庭生活。如果教師能協助孩子去發現繼養家庭生活之樂觀面如：⑴較大之彈性；⑵多重角色典範；⑶延伸之親族網絡；⑷更高之生活水準；⑸快樂的雙親；以及⑹更多兄弟姊妹爲伴等，則可使孩子不致陷於作繭自縛的泥沼。

一對一之診療性協商固然可以滿足某些繼養家庭之需求，集體性協商亦有其擅場。如果夫妻間會因彼此不夠同心、對舊關係仍戀戀不忘、對孩子有罪惡感，或是會因孩子而時起勃谿，則應夫妻共同接受諮詢（Cohn et al., 1982）。集體性諮商可以使夫妻在遠離孩子的狀況下，和有類似困境之其他人共同謀求解決問題之道。事實上，當夫妻似乎給「卡」在兩人或家庭式的診療中時，改爲加入集體講習或許可以給其全新的視野。此外，協助性團體也有助於各家庭之經驗分享，以及對共通性問題有更廣泛的解決之道。討論參與者之個人經驗，則可以使各參與成員獲得支持，達到經驗與認知上之分享，進而增進個人之自信及其在發生狀況時之控制能力。

簡結以上所述，再婚夫妻至少有三類求助管道。非正式技巧主要是指以自助形式寫就之一般性文章。教育性策略主要爲提供資訊之計畫。診療性協商則著重協商講習。診療性協商通常是在繼養家庭之問題已經嚴重到其他對策使不上力時才會浮上檯面。如果繼養家庭的孩子因家庭問題而在學校表現出行爲或學習上問題時，負責進行輔導之校方工作人員亦有某些著作可供參考。至於上述策略或協商之成效如何，目前還鮮少實際之評估報告。

更廣泛的探討：相關政策

再婚所衍生的問題不但是再婚者的私人問題，也是社會問題。再婚肇因於高離婚率，而離婚率又與美國上一世紀之快速社會變遷，因而影響家庭在社會所扮演角色之變更息息相關。誠如本書自始至終所一再揭示的，我們在許多方面都經歷著一種「文化上的落差」，亦即是，雖然家庭行爲與某些與家庭相關之法律（如離婚、監護權等）已經有所變革，但是我們對家庭生活之態度及價值仍瞠乎其後。時至今日，雖然離婚與再婚已是司空見慣，我們所珍視的仍是單一且從一而終之婚姻價值及規範。此一態度所傳達出的訊息即是，再婚家庭基本上即是麻煩或病態的。事實上，再婚家庭所面臨之困擾，與其說是根源於個人問題，無寧應歸咎於缺乏社會支持。

在政府層次，立法及司法系統都試圖避免施行直接與家庭行爲相關之政策。即使建構出任何政策，重點也著重在對服務之更多設限上。縱使針對家庭而提供某些服務，也是將接受服務之家庭貼上諸如「特殊」或「脫軌」的標籤。這是因爲如果州政府試圖就家庭領域內之行爲加以強烈規範，則可能「因侵犯隱私權而吃上官司」（Parker, 1982, p. 358）。與保健、居所或兒童福利相關之政策旨在協助在某種程度上而言係無法自足之家庭。

我們無法就地方、州政府或全國性政策對再婚家庭之影響的複雜層面詳加敍述，不過，仍會就學校、社區及法律體系對再婚家庭生活之影響略加著墨。

公立學校

學校人員發現，他們必須處理越來越多雙核心家庭孩子之複雜生活狀況，但是他們通常並無處理這些複雜狀況的準備。比方說，校方並無一致之政策以：(1)完整收集學童之家庭資料（包括居住或不住在一起之父母／繼父母之姓名及住址）；(2)允許學童之雙親都獲知其孩子在校之狀況；以及(3)法律上未曾對「監護權」有其標準詮釋，以致校方無從清楚認定誰應確實掌握孩子之情形。

所以無法奠立系統化之政策的原因不一而足。如果夫妻離婚後關係不睦，常會不願與對方通聲息，連帶地使校方因此處於資訊不足的弱勢狀態。其他原因諸如：因監護權而涉及之複雜的法律關係；校方人員不願意涉入家庭隱私；經費及時間上的限制，使得學校教師無法與學童之雙親皆進行溝通或建立兩份檔案報告等等；以及，係以「初婚」家庭模式與孩童之家長建立溝通管道等。凡此種種都是相關的阻礙（Ricci, 1980），結果便是只能由孩子之父母根據其個人需求去通知校方人員。通常只要雙核心家庭之成人明確表示其係以孩子之福祉或教育為出發點，校方皆會依政策而盡量滿足家長所提之需求。

社區支援

再婚家庭之困擾已逐漸引起廣泛之注意，許多教育或輔導性計畫亦針對雙核心家庭而設計，社區並日漸注意對此類支援之需求。其中協助再婚夫妻的方式之一即是經由宗教、教育、市府、心理諮詢或社會福利機構提供教育計畫。

該類計畫之開展不外是，協助計畫再婚或已經再婚的人更清楚瞭解其對新家庭之成員（尤其是孩子）之法律及私人義務。以及，以預防性之規劃防止婚姻再度破裂。由於對再婚之規範、角色及信仰並無明確定義（亦即是，並無制度化之行為準則），教化再婚者殊非易事，不過確實已在進行。

再婚之法律議題

美國之法律體系對再婚或多婚者並無任何特別條款：就成人而言，初婚與再婚者之法定義務相同。不過，一旦因再婚而產生繼父母子女關係，便衍生額外之義務。由於衍生之額外義務並無明確定義，便成為再婚家庭之潛在衝突來源（Kargman, 1969）。根據習慣法（common law），繼父母並無義務扶養其繼子女，因此孩子如果未爲繼父母所收養，則繼父母無須給予孩子任何給付（不過如加州等某些州政府則得強制繼父母供養繼子女）。美國於1978年時只有內布拉斯加州（Nebraska）於民法及刑法上規定孩子之生父母或者是未收養孩子之繼父母，皆有扶養孩子之義務（Goldsmith, 1978）。另有其他九州則更改其名爲同居扶養（in loco parentis）之法律信條，規定只要繼父母讓孩子與其同住，承認孩子爲其子女，則有扶養之義務（Goldsmith, 1978）。

許多法律狀況一旦涉及繼養關係便變得非常複雜，此處我們僅列舉一、二以彰顯可能與再婚相關之法律糾葛。繼父母之不當死亡（wrongful death）通常未賦予繼子女任何求償權，法律上只對繼養關係賦予保險受益（insurance benefit），而是否存在同居扶養（in loco parentis）之繼養關係，則爲能否領取保險給付之決定性因素。同樣地，雖然法庭判決未必一致，一般說來勞工給付（worker's compensation）亦視繼子女爲被扶養人。還有某些法庭裁定繼子女有權收受社會福利保險（Social Welfare Insurance）給付，因此衍生之爭議則是，設定應給予繼子女之福利救助（welfare assistance）的數額時，繼父母之收入是否亦應列入考慮。各州之福利法並不一致，其中尤以遺產法（laws of inheritance）最各行其是，在處理繼養關係上簡直一無是處。Bernard Berkowitz寫道：「遺囑法上之『子女』一詞絲毫無意將繼子女含括在內」（Berkowitz, 1970, p.223）。

本部分有關法律議題之結論爲，全國各地對家庭法鮮少有其一致性，各州有其獨立之法律條文與政策。

結語

過去25年來急遽上昇之離婚及再婚率可能趨緩，不過，就社會及人際間的意義來看，繼養家庭之普遍性並不會隨之降低，而我們對繼養家庭生活之本質的瞭解才剛在起步階段。由家庭體系之急遽變化，不難理解爲什麼社會科學家、診療學家、教育家以及訂定政策者爲何汲汲於就我們所經歷之社會問題拼湊出一幅完整的圖像，並試圖將該類經驗正面化。變化意味著失序，記錄此一變化的人則處於失序狀態的核心，身處迷霧中，很難對狀態本身提供一清楚的面貌。本書之研究報告所傳達的訊息爲，事情已在起步，基本圖像已然呈現供進一步研究，核心問題亦已界定。由於除需改變價值觀外，尚須在已然不足之資源中投入更多時間以及更深之信諾意願，解決之道便不是那麼容易信手拈來。不過，事情之進展看來相當樂觀，我們也明確知道自己應努力的方向。

問題討論

1. 家庭成員應如何善用流行資訊以擷取與繼養家庭相關

之訊息？

2. 瞭解再婚家庭之主要問題後，應將哪類內容列入教育計畫？

3. 從社區環境（如學校、診所）考量，如何將再婚家庭孩子之經驗「正常化」？

4. 爲與繼養家庭進行有效溝通，需確保診療學家之特殊訓練包含哪些資訊？

建議讀物

HANSEN, J. C. and L. MESSINGER (1982). *Therapy with Remarried Families.* Rockville, MD: Aspren.

See the children and adolescent fiction sources in the bibliography of COLEMAN, M., L. GANONG, and R. GRINGRICH (1985). Stepfamily strengths: A review of popular literature. *Family Relations,* 34: 583-589.

LUTZ, P. E., E. E. JACOBS, and R. L. MASSON (1981). Stepfamily counseling: issues and guidelines. *School Counselor,* 29: 189-194.

PASLEY, K. and M. IHINGER-TALLMAN (1986). Stepfamilies: new challenges for the schools, (pp.

70-111) in T. Fairchild (ed.) *Crisis Intervention Strategies for School-Based Helpers.* Springfield, IL: Charles C Thomas.

第八章
研究人員面臨的挑戰

我們才剛起步……
在旭日升起之前　翱翔
那麼多條路可選擇
我們從起步　到學習飛奔

——我們才剛起步，Paul William
詩選，Roger Nichols配樂。
c1970 Irving Music, Inc.
(BMI)　。版權所有。

過去十年來對再婚與繼養家庭之研究顯著增加，不但是專家學者與臨床學家更加注意此一領域，出版業也出現許多以此爲題之書籍文章。自1940年以來一般性刊物上之此類文章數持續增加 (Pasley and Ihinger-Tallman, 1985)　。

研究再婚與繼養家庭主題者，一如研究與家庭相關之其他領域的人般會碰到許多困難，而且問題更多，而使得研究之質與量都受到重重限制。本章即將探討研究再婚議題之棘手處、如何因應，並界定與其相關之理論侷限。

研究再婚問題之困境

如要對再婚與繼父母相關之研究作更深之檢視，便會發現其中有諸多缺失，如：

1.未能以理論明確陳述問題以及規劃如何進行；
2.除「報告」成果外，未能解釋及解析研究所得；
3.使用乏善可陳之取樣技巧；
4.所用資料僅係取自家庭中之一位成員；
5.研究之設計過度依賴自我報告（self-report）法；
6.僅對一固定期間進行評估；
7.以不適當之群體進行比較。

上述種種突顯出研究再婚與繼養家庭議題之窘境，以下即逐項加以討論。

缺乏理論與概念架構

根據一項針對再婚對孩子之影響就38例實案所作檢視，發現其中多數研究都缺乏其理論基礎。不過如果以實驗與臨床兩類研究所作之報告作一比較，Ganong 與Coleman（1986）發現臨床研究的確較實驗研究者更常將理論納為研究基礎。

理論之作用在解釋與一特定主題相關之其他事項。理念上，理論應是抽象而超乎時地限制的、推論性高，且可以對所研究之現象有進一步之瞭解。理論一旦建立，便已陳述出其命題，然後加以驗證以決定其概念之準確性。此一概念化-驗證-再概念化之過程是科學所致力之標的。不過在研究再婚與繼養家庭生活上，理論之推演與驗證卻常反其道而行，也就是說，多數研究本質上是在敍述再婚之情形或狀況，告訴讀者其「狀態」（what），而非「如何」形成（how），原因爲何（why）？研究者未能將理論納入其研究，因而導致默示預設，將繼養家庭歸類爲「缺陷家庭（deficit family）」，或陷於「不充分之比較（deficit comparison）」模式（Marotz-Baden et al., 1979）。

Sharon Price-Bonham與Jack Balswick（1980）以其在將近十年間對離婚、遺棄與再婚所作之檢視，提出幾項理論上之建議。他們強調一般系統理論（systems theory）架構最適於將離婚與再婚之研究概念化。系統理論之原則能說明離婚後家庭體系所產生之變化，以及衍生之親族對再婚家庭體系之影響。其他概念化之門徑（approaches）亦曾用以解釋對離婚以及再婚之調適所作之反應上：最常用的即是，互換（exchange）、壓力、危機以及角色理論。本文無法就此類理論與再婚之研究的相關性詳加敍述，不過，我們可以就如何應用角色理論以說明繼養家庭生活作一簡單範例。

事實上，「角色」理論係以概念與原則爲知識的主體，亦有人稱之爲觀點（perspective）。也就是說，它並未包含一組正式陳述之命題，而是「一組理論，鬆散的預設連結，爲與人類功能相關之孤立構造」（Shaw and Costanzo, 1970: 326）。此一結構中之概念包括：角色期待、角色扮演、角色扭曲以及角色超載，其研究面向包括角色之結構與互動。社會心理學家檢視角色互動時著重的是領導與權力關係、順從（conformity）、社會化、集體與個人之決策，以及社會性學習（Shaw and Costanzo, 1970, p.326）。那麼，對再婚有興趣之學者究竟如何應用角色理論去引導其思考及研究呢？

再婚時，繼父母通常（依傳統對父母角色之期望）認定自己是養育、供給與權威性角色。但是若繼父母子女間之關係尚未因信任及尊敬（或權威）而完全建立，繼父母之此一認定便無法爲繼子女所接受（Fast and Cain, 1966）。

Phyllis Stern（1978）在研究繼父家庭時發現有某些實例可支持上述觀點。他發現，如果繼父在尚未成爲子女之朋友前即想扮演懲戒角色，則有礙於繼養家庭之整合。Giles-Sims（1984a）亦以角色理論概念（角色衝突、角色澄清以及角色認同）使人對繼父母角色有更深一層的瞭解。她詢問96位繼養家庭之成年成員就教養子女而言，其認爲親生父母以及繼父母之投入程度是否有所不同？誠如所預期的，他們覺得繼父母不如親生父母那麼投入，不過，受訪者也表示他們本來就有此心理準備。

Clingempeel、Brand 與 Segal以整合自家庭發展與家

庭生態之另外兩種「理論」，界定了在再婚與繼父母行爲方面所需進行之研究。上述三位以 Urie Bronfenbrenner (1979) 對發展與互動、家庭發展階段之概念，以及近來在此一領域之研究成果，就如何改善研究品質以及補充現有知識提供一系列之指導原則。

我們 (Ihinger-Tallman 與 Pasley, 1981) 亦以解析再婚家庭之調適過程爲宗旨開展出一套理論，預設在高度信諾、同心協力、維護家庭疆域以及人身維護 (physical maintenance) 應是穩定再婚家庭之主要因素。此一理論概念已獲初步驗證。

簡而言之，多數對再婚與繼父母行爲之研究都未以理論爲基礎去提出問題以及詮釋研究成果，而只是敍述繼養家庭生活之某些層面，無視於唯有理論才有助於系統化地理解繼養家庭生活。

方法上的窒礙

研究再婚時常會遇到各類方法學上的問題，其中與研究最息息相關的三項即是：取樣、測量 (measurement) 及資料分析。

取樣

研究再婚時最困難的一點即是鎖定對象。取樣之預定目標爲界定具有代表性之一群潛在對象。研究再婚時最重要的即是對再婚/繼養家庭人口有一瞭解。在這方面，美國之人口普查局幫了很大的忙，使我們對再婚（尤其是離婚後再婚）人口之基本特性有相當認識。不過，當我們把範疇界定在包括孩子之再婚家庭時，所獲之數據就不那麼精確了，因爲即使是人口普查局也無法確知再婚夫妻是否有未住在一起之子女。由於包含孩子之再婚家庭超過60%，再婚家庭的孩子因此成爲一個重要的研究面向，我們對家有繼子女之繼養家庭也的確有相當深入的瞭解（參見Bumpass, 1984）。但是就繼養家庭中未住在一起之子女則所知有限。

如果對某一特定人口之資料不足，研究人員便很難決定其取樣是否具有「代表性」。而欠缺此一前提，研究人員便無法名正言順地將其成果推演至較廣範圍，而且在討論時須小心引用該成果。

特定研究之取樣與其成果品質息息相關。多數對再婚之研究係以少數、自行篩選且方便取得之對象爲取樣，因而所得資料主要係來自於中等階級之白人參與者。所以如此取樣，主要原因爲：(1)如係以口傳、廣告或大專院校學生爲對象，則較容易取樣且較便宜；(2)具代表性之公共記錄（如申請結婚證書）不易取得，或者是公共記錄中也許不包含所需要的資料（比如說，以往之婚姻資料）；(3)時間不足以評估公共記錄；以及(4)多數研究人員都沒有充足的經費以進行大量且具代表性之取樣。

Emily與John Visher （1979）稱繼養家庭爲「隱形」

人口。就外人而言，繼養家庭與初婚家庭（兩個成人帶著孩子）並沒什麼不同，而繼養家庭也喜歡營造此一形象（參見Duberman之前言，1975）。繼父在其繼子女的老師面前通常只自稱爲父親。繼養家庭所以想給人其爲初婚家庭之錯覺，主要在避免來自「繼養」概念的負面印象（Ganong and Coleman, 1984）。再婚夫妻也許會視其以往之婚姻經驗爲一「敗筆」，而新家庭爲「彌補」的途徑之一；或者是，他們希望能忘懷既往之經驗。凡此種種對研究者而言，都意味著許多潛在之參與者並不想被界定爲繼父母家庭，也不願成爲受訪者。

即使是取樣範圍較廣且隨機之研究，其再婚家庭數仍極爲有限。比方說，在一項關於精神狀態之一般性研究中，T. S. Langer 與 S. T. Michaels（1963）以1,160位成人爲對象（年齡層爲20至59歲），其中只有186位（約11%）係成長於繼養家庭或住過繼養家庭。同樣地，Morris Rosenberg（1965）以紐約州公立高中之5,024名青少年爲隨機取樣，研究其自尊及身心狀態，其中只有262名（約爲總取樣數之5%）爲繼養家庭成員。上述二項研究都是在離婚率趨於顛峰前進行的，今日之全國性普查想必會納入較高百分比之繼養家庭數。據估計，1980年初期出生的孩子中，約有35%在其童年時期會與繼父母同居一段時間（Glick, 1984）。

小量取樣在使用某些統計技巧時很難檢視其在複雜變數（multiple variables）上之影響。每當在分析時多加一項變數（比如說婚姻期），該類項之可供研究對象便相對減少。

比方說，如果一研究人員之取樣數爲30對再婚夫妻，其中三分之一最近才結婚，三分之一已婚五年，另外三分之一已婚十年。以婚姻期分類，則各類之取樣數僅爲10對。如果再加上其他變數（如孩子之性別、種族或社會階層），各項中可供檢視之案例就更少了。許多作者都認爲要對再婚之

調適有一更深入之瞭解需加入較多變數，但是相對地，便需有更多且更具代表性之取樣。與取樣相關之最後一項議題爲，對初婚與再婚之個人、夫妻與家庭進行比較之有效性。集體性比對是科學之重要面向。比方說，如研究對象爲上等階級之父母，若無另一群人之行爲模式得加以比較，則研究人員無從詮釋其成果。單獨性的敍述無助於對事情的瞭解。

研究人員相當質疑以初婚家庭爲比對群之有效性。例如，若以結婚期爲比對基礎，極可能其孩子之年齡層差異頗大。以同樣都是結婚五年的初婚與再婚家庭來說，初婚家庭的孩子都還在學齡前階段，而中年之再婚夫妻其子女已處於青春期。

因而有人建議應以其他方式進行適當之比較。由研究兒童發展學會（Society for Research of Child Development）所贊助之再婚與繼養家庭研究即建議，應只以再婚後生有孩子或是沒有孩子之再婚夫妻，作爲初婚夫妻之比對群。其他建議如：以孩子數及年齡層相同之單親家庭與繼養家庭作比較，以確保在配偶之死亡、離婚及／或單親期長短等因素上有較合理之比較基礎。另外值得關切的一點是，以傳統之初婚家庭爲比對群，是否會增長人們視再婚家庭爲

「缺陷家庭」之印象。

取樣之現實考量

我們曾經花許多時間去整理申請結婚證書的資料，以瞭解一特定地區之結婚人口，因而親身體驗到進行此類工作在時間的損耗以及經費上都相當驚人。根據經驗，自記錄上所獲得的幾千份資料中，仍住在原地的僅爲50%。相形之下，自地方性服務機構或PTA（家長會）、在報紙或電台公開徵求志願者、以地方大學之在學生爲對象、或自社工或心理醫生處徵召前往求助或諮詢者爲研究對象等等都要來得經濟許多。上述方式皆稱爲方便式取樣（convenience sampling）。

方便式取樣的資料大都來自應答之中等階級白人，原因是中等階級族群較有意願參與研究計畫，此外，白人之再婚率較黑人高，所以任一研究之白人參與者的比率都較高。不過，不論是研究再婚或與家庭相關之其他主題的研究人員，都已因不曾更積極自不同種族與階級作更廣泛取樣，以致無法獲得更普遍性之研究成果而飽受批評。

測量

進行研究時之一共同問題即爲如何將欲檢測之概念運作化（operationalization, 亦即是，以最佳方式收集欲檢視變數之資料）。研究再婚與繼養家庭生活之人員即面臨此一困境。常見的情形即是，不同的研究計畫以不同方式運作變數。

比方說，有多項研究旨在評估再婚對孩子之學習成果有何影響，而用作評估之標準包括在校成績、教師對孩子行爲之評比、以及孩子之測試成績等等。同樣地，研究人員在調查再婚對孩子之社會福利影響時亦用到問題行爲、問題同伴數、心理或生理健康方面的抱怨，以及孩子對其生活之滿意度等各方面報告。如果研究人員以不同之行爲去測量（measure）同一概念，不同報告之研究成果便無法加以比較，進而無從對情況有其一致性的看法。

其他問題包括運用不同類型的方法學等。不論是研究哪一類家庭問題（包括再婚在內），最常使用的方法即是自我報告（self-report，亦即是訪問與問卷方式）。此一方式最遭疵議之處即爲其中問題皆係針對一特定研究所設計，之前或之後皆不曾爲其他研究者所使用。

少數研究曾以觀察方式研究繼養家庭行爲，亦即是，以相機、錄影機或是研究人員親自觀察家庭成員間之互動情形。以這種方式來收集資料所費不貲。使用過此種方式之人員不少人質疑以專業人員進行錄製及／或錄音所花之代價，所得結果是否等值。如係欲進行大量取樣，則在時間及經費上都不可行。議者對此一方法之批評爲：行爲因時而異，攝製當時之狀況未必反映「典型」之家庭行爲，且當個人預先知道其將處於被觀察狀態時，所表現之行爲反而不自然。不過，該方法仍不失其價値，尤其適用於與以其他方式取得資料後之合併使用。

資料分析

家庭研究所爲人詬病的一項爲，未能自多數家庭成員求取資料（Bokermeir and Monroe, 1983）。一般家庭研究之資料多來自於妻子。値得爭議的一點即是，欲瞭解家庭生活，其資料應來自數位家庭成員。目前已有越來越多的研究人員如果無法自孩子取得資料，至少會同時晤談夫妻雙方。

而收集多重來源之研究人員，一旦取得資料，又得面臨如何取捨以進行分析之抉擇。在取捨上倒是有頗大彈性。一般說來取樣之數値差異常是因夫妻間之看法不同，解決之道是將兩數値相加或平均，研究人員應於抉擇時即考量到兩種技巧上的優缺點。

臨床與實驗報告之異同

你在本書各章時而發現之矛盾研究成果，即是源於臨床與實驗報告上的差異。二者在研究方向、所研究之變數，以及用以收集資料之方法上皆有明顯不同。Ganong 與 Coleman （1986）以再婚對孩子之影響就臨床與實驗之研究所得完成了一份比較分析，認定診療學家似乎較以實驗爲主之研究人員更重理論。同時診療學家對再婚之複雜本質以及繼養家庭成員間之互動及調適過程也更爲敏感。臨床與實驗之研究人員以不同方法檢視繼養家庭的孩子。以實驗爲主之研究人員傾向於以調查方式，只自一個人擷取資料；診療學家則主要根據臨床印象與個案研究，同時自不同之家庭成員求取資料。Ganong and Coleman表示，診療學家比較注重再婚之架構變數，以實驗爲主之研究人員則傾向於忽視此一複雜面向，無意區分繼養家庭之類型，似乎認爲繼母或繼父家庭之運作並無差異。

可想而知地，臨床與實驗報告之結果並不一致。實驗報告認爲來自初婚或繼養家庭的孩子差異不大。臨床報告則認爲繼養家庭的孩子常爲困擾所苦。

如何消除其中之部分問題

許多作者曾研商如何改善有關再婚與繼養父母行爲方面研究之品質（Esses and Campbell, 1984; Ganong and Coleman, 1984）。基本上，應記錄經度期縱貫研究（longitudinal research，所有被研究家庭在某一時期）內所發生之所有事項。唯有如此，才能瞭解各成員在家中歷經雙親死亡或離異至再婚之轉變上的改變。經度期研究可顯示在一時期之不同階段上，促進家庭調適之各項因素。

學者亦一致認同，未來之研究必須做更大量且隨機抽樣。大量取樣可以檢視多種變數，並對影響再婚之各種因素獲致較決定性之結論。倘若無法大量取樣，則須採用爲一般研究人員所使用之可靠而有效之權宜測量工具（instruments) 。

最後須做到的是，不能只注意到對家庭結構之影響，而須同時檢視影響再婚家庭生活之過程及其調適。

除了此處所提及之研究上的問題，與再婚與繼養父母行爲相關之研究在品質上已大有進境。研究人員在發展及設計其研究計畫時大都已納入理論架構。值得欣慰的是，本書內之多項研究雖然使用之方法及取樣方式不同，結果卻相當一致。誠如在本章開始Paul William之詩作所示的，由於資料量增加以及對再婚之更深入瞭解，使得我們對再婚之研究雖然才剛開始起步，卻已有蓄勢飛奔之契機。

問題討論

1. 既然研究人員對再婚之檢視困難重重，何不乾脆放棄？

2. 何以臨床及專業協商人員之研究成果與以實驗爲主之人員所得結果不同？

建議讀物

CHILLMAN, C. (1983) Remarriage and stepfamilies: Research results and implications. pp. 147-163. In E.

D. Macklin and R. H. Rubin (eds.) *Contemporary Families and Alternative Lifestyles.* Beverly Hills, CA: Sage.

PASLEY, K. and M. IHINGER-TALLMAN (eds.) (1984). *Special issue on remarriage and stepparenting,* July issue, Family Relations.

參考文獻

ADAMS, B. N. (1968) Kinship in an Urban Setting. Chicago: Markham.

AHRENFELDT v. AHRENFELDT (1840) 1 Hoff Ch. 497. New York.

ALBERT, L. and E. EINSTEIN (1986) Strengthening Stepfamilies. Circle Pines, MN: American Guidance Service.

AHRONS, C. R. (1979) "The binuclear family: two households, one family." Alternative Lifestyles 2: 499-515.

AHRONS, C. R. (1980) "Joint custody arrangements in the post divorce family." Journal of Divorce 3: 189-205.

AHRONS, C. R. (1981) "The binuclear family: two stepfamilies, two houses." Stepfamily Bulletin 1: 5-6.

ANDERSON, T. O. (1982) "The effect of stepfather/stepchild interaction on stepfamily adjustment." Dissertation Abstracts International 43: 1306A.

ANSPACH, D. (1976) "Kinship and divorce." Journal of Marriage and the Family 38: 323-330.

ARIES, P. (1981) "Introduction to Part 1" pp. 27-33 in J. Dupâquier et al. (eds.) Marriage and Remarriage in Populations of the Past. New York: Academic Press.

ASMUNDSSON, R., S. R. BYSIEWICZ, K. M. COWGILL, A. S. DAHL, W. M. HOWARD, S. S. TAYLOR and P. A. WINSHIP (1983) "Life in remarriage families." Presented at the meeting of the American Association for Marriage and Family Therapy, Washington, D.C.

BANK, S. and M. KAHN (1982) The Sibling Bond. New York: Basic Books.

BAPTISTE, D. A. (1984) "Marital and family therapy with racially/culturally intermarried stepfamilies: issues and guidelines." Family Relations 33: 373-380.

BAPTISTE, D. A. (1986) "How parents intensify sexual feelings between stepsiblings." Remarriage 3: 5-6.

BAPTISTE, D. A., Jr. (1983) "Family therapy with reconstituted families: a crisis-induction approach." American Journal of Family Therapy 11: 5-15.

BECKER, G. S., E. M. LANDIS and R. T. MICHAEL (1977) "An economic analysis of marital instability." Journal of Political Economics 85: 1141-1187.

BELLETTINI, A. (1981) "Le remariage dans la ville et dans la campagne de Bologne au dix-neuvième siècle," pp. 259-272 in J. Dupâquier et al. (eds.) Marriage and Remarriage in Populations of the Past. New York: Academic Press.

BERGLER, E. (1948) Divorce Won't Help. New York: Harper & Brothers.

BERKOWITZ, B. J. (1970) "Legal incidence of today's "step" relationship: Cinderella revisited." Family Law Quarterly 4: 209-229.

BERNARD, J. B. (1980) "Afterward." Journal of Family Issues 1: 561-571.

BIDEAU, A. (1980) "A demographic and social analysis of widowhood and remarriage: the example of the Castellany of Thoissey-en-Dombes, 1670-1840." Journal of Family History 5: 28-43.

BISHOP, J. P. (1891) New Commentaries on the Law of Marriage, Divorce, and Separation. Vol. 2, Mass 187, Mass.

BITTERMAN, C. M. (1968) "The multimarriage family." Social Casework 49: 218-221.

BLOOM, B. L. and K. R. KINDLE (1985) "Demographic factors in the continuing relationship between former spouses." Family Relations 34: 375-381.

BOHANNAN, P. (1970) "Divorce chains, households of remarriages, and multiple divorces," in P. Bohannan (ed.) Divorce and After. Garden City, NY: Doubleday.

BOHANNAN, P. and H. YAHRAES (1979) "Stepfathers as parents," pp. 347-362 in E. Corfman (ed.) Families Today: A Research Sampler on Families and Children. National Institute of Mental Health Science Monograph. Washington, DC: Government Printing Office.

BOKEMEIR, J. and P. Monroe (1983) "Continued reliance on one respondent in family decision-making studies: a content analysis." Journal of Marriage and the Family 45: 645-652.

BOOTH, A. and S. WELCH (1978) "Spousal consensus and its correlates: a reassessment." Journal of Marriage and the Family 40: 23-32.

BOSS, P. and J. GREENBERG (1984) "Family boundary ambiguity: a new variable in family stress theory." Family Process 23: 535-546.

BOWERMAN, C. E. and D. P. IRISH (1962) "Some relationships of stepchildren to their parents." Marriage and Family Living 24: 113-121.

BOWMAN, M. E. and C. R. AHRONS (1985) "Impact of legal custody status on fathers' parenting postdivorce." Journal of Marriage and the Family 47: 481-488.

BRADY, C. A. and J. AMBLER (1982) "Use of group educational techniques with remarried couples." Family Therapy Collections 2: 145-157.

BRAND, E. and G. W. CLINGEMPEEL (1985) "The interdependencies of husband-wife and stepparent-stepchild relationships in stepmother and stepfather families: a multimethod study." Unpublished manuscript, Pennsylvania State University, Harrisburg.

BRONFENBRENNER, W. (1979) The Ecology of Human Development. Cambridge, MA: Harvard University Press.

BUMPASS, L. (1984) "Some characteristics of children's second families." American Journal of Sociology 90: 608-623.

BURGOYNE, J. and D. CLARK (1982) "Reconstituted families," in R. N. Rapport et al. (eds.) Families in Britian. London: Routledge & Kegan Paul.

CABOURDIN, G. (1981) "Le remariage en France sous l'Ancien Régime (seizième-dix-huitième siècles)," (pp. 273-285) in J. Dupaquier (eds.) Marriage and Remarriage in Populations of the Past. New York: Academic Press.

CALHOUN, A. W. (1917) A Social History of the Family, vol 1: Colonial Period. New York: Barnes & Noble.

CARR, L. G. and L. S. WALSH (1983) "The planter's wife: the experience of white women in seventeenth century Maryland," pp. 321-346 in M. Gordon (ed.) The American Family in Social Historical Perspective. New York: St. Martin's.

CARTER, H. and P. C. GLICK (1976) Marriage and Divorce: A Social and Economic Study. Cambridge, MA: Harvard University Press.

CHERLIN, A. (1978) "Remarriage as an incomplete institution." American Journal of Sociology 84: 634-650.

CHERLIN, A. (1981) Marriage, Divorce, Remarriage. Cambridge, MA: Harvard University Press.

CHERLIN, A. and J. McCARTHY (1985) "Remarried couple households: data from the June 1980 Current Population Survey." Journal of Marriage and the Family 47: 23-30.

CHILMAN, C. (1983) "Remarriage and stepfamilies: research results and implications," pp. 147-163 in E. D. Macklin and R. H. Rubin (eds.) Contemporary Families and Alternative Lifestyles. Beverly Hills, CA: Sage.

CLINGEMPEEL, W. S. (1981) "Quasi-kin relationships and marital quality in stepfather families." Journal of Personality and Social Psychology 41: 890-901.

CLINGEMPEEL, W. S., E. BRAND and R. IEVOLI (1984) "Stepparent-stepchild relationships in stepmother and stepfather families: a multimethod study." Family Relations 33: 465-473.

CLINGEMPEEL, W. S., R. IEVOLI, and E. BRAND (1985) "Structural complexity and the quality of stepfather-stepchild relationships." Family Process 23: 547-560.

CLINGEMPEEL, W. S. and S. SEGAL (1986) "Stepparent-stepchild relationships and the psychological adjustment of children in stepmother and stepfather families." Child Development 57: 474-484.

CLINGEMPEEL, W. S., E. BRAND and S. SEGAL (forthcoming) "A multilevel—multivariable—developmental perspective for future research on stepfamilies," in K. Pasley and M. Ihinger-Tallman (eds.) Remarriage and Stepparenting Today: Current Theory and Research. New York: Guilford.

COLEMAN, M. and L. GANONG (forthcoming) "The cultural stereotyping of stepfamilies," in K. Pasley and M. Ihinger-Tallman (eds.) Remarriage and Stepparenting Today: Current Theory and Research. New York: Guilford.

COLEMAN, M., L. H. GANONG and R. GRINGRICH (1985) "Stepfamily strengths: a review of the popular literature." Family Relations 34: 583-589.

COLEMAN, M., L. GANONG and J. HENRY (1984) "What teachers should know about stepfamilies." Childhood Education 60: 306-309.

Connecticut Remarriage Research Group (1983) "Life in remarriage families." Presented at the meeting of the American Association for Marriage and Family Therapy. Washington, D.C.

CROHN, H., C. J. SAGER, H. BROWN, E. RODSTEIN and L. WALKER (1982) "A basis for understanding and treating the remarried family, pp. 159-186 in J. C.

ESSES, L. and R. CAMPBELL (1984) "Challenges of researching the remarried." Family Relations 33: 415-424.

FARBER, B. (1972) Guardian of Virtue: Salem Families in 1800. New York: Basic Books.

FAST, I. and A. C. CAIN (1966) "The stepparent role: potential for disturbances in family functioning." American Journal of Orthopsychiatry 36: 485-491.

Hansen and L. Messinger (eds.) Therapy with Remarriage Families. Rockville, MD: Aspen.

CROSBIE-BURNETT, M. (1984) "The centrality of the step relationship: a challenge to family theory and practice." Family Relations 33: 459-463.

CURRIER, C. (1982) Learning to step together: a course for stepfamily adults. Boston, MA: Stepfamily Association of America.

DAHL, B. B., H. I. McCUBBIN and G. R. LESTER (1976) "War-induced father absence: comparing the adjustment of children in reunited, non-reunited and reconstituted families." International Journal of Sociology of the Family 6: 99-108.

DAVIS, N. Z. (1975) Society and Culture in Early Modern France. Palo Alto, CA: Stanford University Press.

DeMARIS, A. (1984) "A comparison of remarriages with first marriages on satisfaction in marriage and its relationship to prior cohabitation." Family Relations 33: 443-449.

DEMOS, J. (1970) A Little Commonwealth: Family Life in Plymouth Colony. London: Oxford University Press.

DERDEYN, A. P. (1976) "Child custody contests in historical perspective." American Journal of Psychiatry 133: 1369-1376.

DOLAN, E. M. and J. M. LOWEN (1985) "Remarried family: Challenges and opportunities." Journal of Home Economics 77: 36-41.

DUBERMAN, L. (1975) The Reconstituted Family: A Study of Remarried Couples and Their Children. Chicago: Nelson-Hall.

DUPÂQUIER, J., E. HÉLIN, P. LASLETT, M. LIVI-BACCI and S. SOGNER [eds.] (1981) Marriage and Remarriage in Populations of the Past. New York: Academic Press.

FERNANDO, D.F.S. (1981) "Marriage and remarriage in some Asian civilizations," pp. 89-93 in J. Dupâquier et al. (eds.) Marriage and Remarriage in Populations of the Past. New York: Academic Press.

FERRI, E. (1984) Stepchildren: A National Study. Windsor, England: NFER-Nelson.

FISHMAN, B. and B. HAMEL (1981) "From nuclear to stepfamily ideology: a stressful change." Alternative Lifestyles 4: 181-204.

FISHMAN, B. (1983) "The economic behavior of stepfamilies." Family Relations 32: 359-366.

FOX, G. L. (1985) "Noncustodial fathers," pp. 393-415 in S.M.H. Hanson and F. W. Bozette (eds.) Dimensions of Fatherhood, Beverly Hills, CA: Sage.

FOX, V. C. and M. H. QUITT (1980) "Stage VI, spouse loss," pp. 49-61 in V. C. Fox and M. H. Quitt (eds.) Loving, Parenting, and Dying: The Family Cycle in England and America, Past and Present. New York: Psychohistory Press.

FULTON, J. A. (1979) "Parental reports of children's post-divorce adjustment." Journal of Social Issues 35: 126-139.

FURSTENBERG, F. F., Jr. (1981) "Remarriage and intergenerational relations," pp. 115-141 in R. W. Fogel et al. (eds.) Aging: Stability and Change in the Family. New York: Academic Press.

FURSTENBERG, F. F., Jr. (1982) "Child care after divorce and remarriage." Presented at the MacArthur Foundation's Conference on Child Care and Growth Fostering Environments, Chicago.

FURSTENBERG, F. F., Jr. (forthcoming) "The new extended family: The experience of parents and children after remarriage," in K. Pasley, and M. Ihinger-Tallman (eds.) Remarriage and Stepparenting Today: Current Research and Theory. New York: Guilford.

FURSTENBERG, F. F., Jr., and C. W. NORD (1985) "Parenting apart: patterns of childrearing after marital disruption." Journal of Marriage and the Family, 47: 893-904.

FURSTENBERG, F. F., Jr., C. W. NORD, J. L. PETERSON and N. ZILL (1983) "The life course of children of divorce: marital disruption and parental contact. American Sociological Review 48: 656-668.

FURSTENBERG, F. F. Jr., and J. A. SELTZER (1983) "Divorce and child development." Presented at the annual meeting of the American Orthopsychiatric Association, Boston.

FURSTENBERG, F. F. Jr., and G. B. SPANIER (1984) Recycling the Family: Remarriage After Divorce. Beverly Hills, CA: Sage.

GANONG, L. H. and M. COLEMAN (1984) "The effects of remarriage on children: a review of the empirical literature." Family Relations 33: 389-405.

GANONG, L. H. and M. COLEMAN (1986) "A comparison of clinical and empirical literature on children in stepfamilies." Journal of Marriage and the Family 48: 309-318.

GANONG, L. H. and M. COLEMAN (forthcoming) "Effects of parental remarriage on children: an updated comparison of theories, methods, and findings from clinical and empirical research," in K. Pasley and M. Ihinger-Tallman (eds.) Remarriage and Stepparenting Today: Current Theory and Research. New York: Guilford.

GAUNT, Ø. and O. LÖFGREN (1981) Remarriage in the Nordic countries: The cultural and socio-economic background," pp. 49-60 in J. Dupâquier et al. (eds.) Marriage and Remarriage in Populations of the Past. New York: Academic Press.

GILES-SIMS, J. (1984a) "The stepparent role: Expectations, behavior, and sanctions." Journal of Family Issues 5: 116-130.

GILES-SIMS, J. (1984b) "Stepfamily cohesion, expressiveness and conflict by stepfamily outside-parent relationships." Presented at the annual meeting of the National Council on Family Relations, San Francisco.

GILES-SIMS, J. (1985) "Paternal custody and remarriage." Presented at the annual meeting of the National Council on Family Relations, Dallas, TX.

GLENN, N. D. (1981) "The well-being of persons remarried after divorce." Journal of Family Issues 2: 61-75.

GLENN, N. D. and C. N. WEAVER (1977) "The marital happiness of remarried divorced persons." Journal of Marriage and the Family 39: 331-337.

GLENN, N. D. and C. N. WEAVER (1978) "A multivariate, multisurvey study of marital happiness." Journal of Marriage and the Family 40: 269-282.

GLENWICK, D. S. and J. D. MOWEREY (1986) "When parent becomes peer: loss of intergenerational boundaries in single parent families." Family Relations 35: 57-62.

GLICK, P. C. (1984) "Marriage, divorce, and living arrangements." Journal of Family Issues 5: 7-26.

GOETTING, A. (1982) "The six stations of remarriage: developmental tasks of remarriage after divorce." Family Relations 31: 213-222.

GOLDBERG: I. (1982) "Therapy with stepfamilies involved in joint custody." pp. 219-221 in A. S. Gurman (ed.) Questions and Answers in the Practice of Family Therapy, vol. II. New York: Brunner/Mazel.

GOLDSMITH, J. (1980) "Relationships between former spouses: descriptive findings." Journal of Divorce 4: 1-20.

GOLDSMITH, M. A. (1978) "AFDC eligibility and the federal stepparent regulation." Texas Law Review 56: 79-100.

GOODE, W. J. (1965) "Women in Divorce." New York: Free Press.

GOODY, J. (1983) The Development of the Family and Marriage in Europe. New York: Cambridge University Press.

GREIF, G. L. (1985) "Single fathers rearing children." Journal of Marriage and the Family 47: 185-191.

GREIF, G. L. (1986) "Mothers without custody and child support." Family Relations 35: 87-93.

GRIFFITH, J. D. (1980) "Economy, family, and remarriage." Journal of Family Issues 1: 479-496.

GRIFFITH, J. D., H. P. KOO and C. M. SUCHINDRAN (1985) "Childbearing and family in remarriage." Demography 22: 73-88.

GRIGG, S. (1977) "Toward a theory of remarriage: a case study of Newburyport at the beginning of the Nineteenth century." Journal of Interdisciplinary History 8: 183-220.

GUTTENTAG, M. and P. Secord (1983) Too Many Woman: The Sex Ratio Question. Beverly Hills, CA: Sage.

HAFKIN, M. I. (1981) "Association factors for stepfathers integration within the blended family." Dissertation Abstracts International 42: 4578B.

HALEM, L. C. (1982) Separated and Divorced Women. Westport, CT: Greenwood.

HALLIDAY, T. C. (1980) "Remarriage: the more complete institution." American Journal of Sociology 86: 630-635.

HALPERIN, S. M. and T. A. SMITH (1983) "Differences in stepchildren's perceptions of their stepfathers and natural fathers: implications for family therapy." Journal of Divorce 7: 19-30.

HANNA, S. L. and P. K. KNAUB (1981) "Cohabitation before remarriage: its relationships to family strengths." Alternative Lifestyles 4: 507-522.

HANSEN, H. O. (1981) "The importance of remarriage in traditional and modern societies: Ireland during the eighteenth and nineteenth centuries, and the cohort of Danish women born between 1926 and 1935," pp. 307-324 in J. Dupâquier et al. (eds.) Marriage and Remarriage in Populations of the Past. New York: Academic Press.

HETHERINGTON, E. M., M. COX and R. COX (1976) "Divorced fathers." Family Coordinator 25: 417-428.

HETHERINGTON, E. M., M. COX and R. COX (1978) "The aftermath of divorce," pp. 149-176 J. H. Stevens and M. Matthews (eds.) Mother/Child, Father/Child Relations. Washington, DC: National Association for the Education of Young Children.

HOFFERTH, S. L. (1985) "Updating children's life course." Journal of Marriage and the Family 47: 93-115.

HUNTER, J. E. and N. SCHUMAN (1980) "Chronic reconstitution as a family style." Social Work 25: 446-451.

HUZAYYIN, S. A. (1981) "Marriage and remarriage in Islam," pp. 95-109 in J. Dupâquier (eds.) Marriage and Remarriage in Populations of the Past. New York: Academic Press.

IHINGER-TALLMAN, M. (1985) "Perspectives on change among stepsiblings." Presented at the annual meeting of the National Council on Family Relations, Dallas, TX.

IHINGER-TALLMAN, M. (forthcoming) "Sibling and stepsibling bonding in stepfamilies," in K. Pasley and M. Ihinger-Tallman (eds.) Remarriage and Stepparenting Today: Current Research and Theroy. New York: Guilford.

IHINGER-TALLMAN, M. and K. PASLEY (1980) "Conceptualizing marital stability: remarriage as a special case." Presented at the annual meetings of the National Council on Family Relations, Portland, OR.

IHINGER-TALLMAN, M. and K. PASLEY (1981) "Factors influencing stability in remarriage," pp. 1-15 in W. Dumon and C. De Paepe (eds.) Key Papers from the XIXth International CFS Seminar on Divorce and Remarriage. Lueven, Belgium: Catholic University.

IHINGER-TALLMAN, M. and K. PASLEY (1983) "Remarried conflict." Unpublished manuscript, Washington State University.

IMHOF, A. E. (1981) "Remarriage in rural populations and in urban middle and upper strata in Germany from the sixteenth to the twentieth century," pp. 335-346 in J. Dupâquier et al. (eds.) Marriage and Remarriage in Populations of the Past. New York: Academic Press.

ISHII-KUNTZ, M. (1986) "Sex and race differences in marital happiness of first-married and remarried persons: update and refinement." Unpublished manuscript, Washington State University.

JACOBSON, D. S. (1979) "Stepfamilies: myths and realities." Social Work 24: 202-207.

JACOBSON, D. S. (1980) "Crisis intervention with stepfamilies." New Directions for Mental Health Services 6: 35-43.

JACOBSON, D. S. (1982) Family structure in the age of divorce." Presented at the annual convention of the American Psychological Association, Washington, D.C.

JACOBSON, D. S. (forthcoming) "Family type, visiting patterns, and children's behavior in the stepfamily: a linked family system," in K. Pasley and M. Ihinger-Tallman (eds.) Remarriage and Stepparenting Today: Theory and Research. New York: Guilford.

JACOBSON, P. H. (1959) American Marriage and Divorce. New York: Rinehart.

KAPLAN, H. B. and A. D. POKORNY (1971) "Self-derogation and childhood broken home." Journal of Marriage and the Family 33: 328-337.

KARGMAN, M. W. (1969) "Legal obligations of remarriage: what is and what ought to be." Family Coordinator 18: 174-177.

KELLAM, S. G., M. E. ENSMINGER and R. J. TURNER (1977) "Family structure

LUTZ, P. (1983) "The stepfamily: an adolescent perspective." Family Relations 32: 367-375.

MAROTZ-BADEN, R., G. R. ADAMS, N. BUECHE, B. MUNRO and G. MUNRO (1979) "Family form or family process? Reconsidering the deficit family model approach." Family Coordinator 28: 5-14.

McCARTHY, J. (1978) "A comparison of the probability of the dissolution of first and second marriage." Demography 15: 345-359.

McCLENAHAN, C. (1978) "Group work with stepparents and their spouses." Unpublished manuscript.

MESSINGER, L. (1976) "Remarriage between divorced people with children from previous marriages: a proposal for preparation for remarriage." Journal of Marriage and Family Counseling 2: 193-200.

MESSINGER, L. (1984) Remarriage: A Family Affair. New York: Plenum.

MESSINGER, L. and K. WALKER (1981) "From marriage breakdown to remarriage: parental tasks and therapeutic guidelines." American Journal of Orthopsychiatry 51: 429-438.

MESSINGER, L., L. N. WALKER and F. J. FREEMAN (1978) "Preparation for remarriage following divorce: the use of group techniques." American Journal of Orthopsychiatry 48: 263-272.

MILLS, D. (1984) "A model for stepfamily development." Family Relations 33: 365-372.

MORGAN, S. P. and R. R. RINDFUS (1985) "Marital disruptions: structural and temporal dimensions." American Journal of Sociology 90: 1055-1077.

NADLER, J. (1976) "The psychological stress of the stepmother." Dissertation Abstracts International 37: 5367B.

OLSON, D. H., H. I. McCUBBIN, H. BARNES, A. LARSEN, M. MUXEN and M. WILSON (1983) Families: What Makes Them Work. Beverly Hills, CA: Sage.

OLSON, D. H., C. S. RUSSELL and D. H. SPRINKEL (1979) "Circumplex model of marital and family systems, I: cohesion and adaptability dimensions, family types, and clinical applications." Family Process 18: 3-28.

OSHMAN, H. P. and M. MANOSEVITZ (1976) "Father absence: effects of stepfathers upon psychosocial development in males." Developmental Psychology 12: 479-480.

PAPERNOW, P. (1984) "The stepfamily cycle: an experiential model of stepfamily development." Family Relations 33: 355-363.

PARKER, R. (1982) "Family and social policy: an overview," pp. 357-371 in R. N. Rapport, et al. (eds.) Families in Britain. London: Routledge & Kegan Paul.

PASLEY, K. (forthcoming) "Family boundary ambiguity: perspective of adult stepfamily members," in K. Pasley and M. Ihinger-Tallman (eds.) Remarriage and Stepparenting Today: Current Research and Theory. New York: Guilford.

PASLEY, K. and M. IHINGER-TALLMAN (1980) "Yours, mine and ours: remarried family life." Grand-in-aid proposal funded by Washington State University.

PASLEY, K. and M. IHINGER-TALLMAN (1985) "Portraits of stepfamily life in popular literature: 1940:1980." Family Relations 34: 527-534.

PASLEY, K. and M. IHINGER-TALLMAN (1986) "Stepfamilies: new challenges for the schools," pp. 70-111 in T. Fairchild (ed.) Crisis Intervention Strategies for School-Based Helpers. Springfield. ILL: Charles C. Thomas Publishers.

PEEK, C. W., J. L. FISCHER and J. S. KIDWELL (1985) "Teenage violence toward parents: a neglected dimension of family violence." Journal of Marriage and the Family 47: 1051-1058.

PETERSON, J. L. and N. ZILL (1986) "Marital disruption, parent-child relationships, and behavior problems in children." Journal of Marriage and the Family 48: 295-307.

PINK, J. E. and K. S. WAMPLER (1985) "Problem areas in stepfamilies: cohesion, adaptability, and the stepfather-adolescent relationship." Family Relations 34: 327-335.

PRICE-BONHAM S. and J. O. BALSWICK (1980) "The noninstitutions: divorce, desertion, and remarriage." Journal of Marriage and the Family 42: 959-972.

RAUSH, H. L., A. C. GREIF and J. NUGENT (1979) "Communication in couples and families," pp. 468-489 in W. R. Burr et al. Contemporary Theories About the Family, vol 1: Research-Based Theories, New York: Free Press.

RENNE, K. S. (1971) "Health and marital experience in an urban population." Journal of Marriage and the Family 33: 338-350.

RICCI, I. (1980) "Divorce, remarriage and the schools." Stepfamily Bulletin, 1: 2-3.

RILEY, M. W. (1982) "Families in an aging society." Paper presented at the annual meetings of National Council on Family Relations, Washington, D.C.

RISMAN, B. L. (1986) "Can men 'mother?' Life as a single father." Family Relations 35: 95-102.

ROBINSON, M. (1980) "Step-families: a reconstituted family system." Journal of Family Therapy 2: 45-69.

ROSENBERG, E. (1980) "Therapy with siblings in reorganizing families." International Journal of Family Therapy 2: 139-150.

ROSENBERG, M. (1965) Society and the Adolescent Self-Image. Princeton, NJ: Princeton University Press.

ROSS, H. E. and J. I. MILGRAM (1982) "Important variables in adult sibling relationships: a qualitative study," pp. 225-249 in M. E. Lamb and B. Sutten-Smith (eds.) Sibling Relationships: Their Nature and Significance Across the Lifespan. Hillsdale, NJ: Lawrence Erlbaum.

RUBIN, L. B. (1985) Just Friends: The Role of Friendship in Our Lives. New York: Harper & Row.

SAGER, S. J., H. STEER, H. CROHN, E. RODSTEIN and E. WALKER (1980) "Remarriage revisited." Family and Child Mental Health Journal 6: 19-33.

SANTROCK, J. W. (1972) "Relation of type and onset of father absence to cognitive development." Child Development 43: 455-469.

SANTROCK, J. W., R. WARSHAK, C. LINDBERGH and L. MEADOWS (1982) "Children's and parents' observed social behavior in stepfather families." Child Development 53: 472-480.

SCHLESINGER, B. (1970) "Remarriage as family reorganization for divorced persons: a Canadian study." Journal of Comparative Family Studies 1: 101-118.

SCHOFIELD, R. and E. A. WRIGLEY (1981) "Remarriage intervals and the effect of marriage order on fertility, pp. 211-227 in J. Dupâquier et al. (eds.) Marriage and Remarriage in Populations of the Past. New York: Academic Press.

SCHULMAN, G. L. (1972) "Myths that intrude on the adaptation of the stepfamily." Social Casework 53: 131-139.

SCHVANDEVELDT, J. D. and M. IHINGER (1979) "Sibling relationships in the family," pp. 453-467 in W. R. Burr et al. (eds.) Contemporary Theories About the Family, vol 1: Research-Based Theories. New York: Free Press.

SEWELL, W. H. and R. M. HAUSER (1975) Education, Occupation, and Earnings. New York: Academic Press.

SHAW, M. E. and P. R. COSTANZO (1970) Theories of Social Psychology. New York: McGraw-Hill.

SOGNER, S. and J. DUPÂQUIER (1981) "Introduction," pp. 1-11 in J. Dupâquier et al. (eds.) Marriage and Remarriage in Populations of the Past. New York: Academic Press.

SPANIER, G. B. (1983) "Married and unmarried cohabitation in the United States: 1980." Journal of Marriage and the Family 45: 277-288.

SPANIER, G. S. and P. C. GLICK (1981) "Marital instability in the United States: some correlates and recent changes." Family Relations 30: 329-338.

SPICER, J. W. and G. D. HAMPE (1975) "Kinship interaction after the divorce." Journal of Marriage and the Family 37: 113-119.

SPREITZER, E. and L. E. RILEY (1974) "Factors associated with singlehood." Journal of Marriage and the Family 36: 533-542.

STERN, P. N. (1978) "Stepfather families: integration around child discipline." Issues in Mental Health Nursing 1: 49-56.

STROTHER, J. and E. JACOBS (1984) Adolescent stress as it relates to stepfamily living: implications for school counselors." School Counselor 32: 97-103.

TALLMAN, I. (1976) Passion, Action, and Politics: A Perspective on Social Problems and Social-Problem Solving. San Francisco: W. H. Freeman.

TROPH, W. D. (1984) "An exploratory examination of the effects of remarriage on child support and personal contact." Journal of Divorce 7: 57-73.

VISHER, E. B. and J. S. VISHER (1978a) "Major areas of difficulty for stepparent couples." International Journal of Family Counseling 6: 70-80.

VISHER, E. B. and J. S. VISHER (1978b) "Common problems of stepparents and their spouses." American Journal of Orthopsychiatry 48: 252-262.

VISHER, E. B. and J. S. VISHER (1979) Stepfamilies: A Guide to Working With Stepparent and Stepchildren. New York: Brunner/Mazel.

VISHER, E. B. and J. S. VISHER (forthcoming) "Treating families with problems associated with remarriage and step-relationships," in C. Chilman et al. (eds.) Families in Trouble. Beverly Hills, CA: Sage.

WALD, E. (1981) The Remarried Family: Challenge and Promise. New York: Family Service Association of America.

WALKER, K. N. and L. MESSINGER (1979) "Remarriage after divorce: dissolution and construction of family boundaries." Family Process 18: 185-192.

WALLERSTEIN, J. S. and J. B. KELLEY (1980) Surviving the Break-Up: How Children and Parents Cope with Divorce. New York: Basic Books.

WALSH, L. S. (1977) "Charles County, Maryland, 1658-1705: a study in Chesapeake political and social structure." Doctoral dissertation, Michigan State University.

WEINGARTEN, H. R. (1980) "Remarriage and well-being: national survey evidence of social and psychological effects." Journal of Family Issues 1: 533-559.

WEISS, R. S. (1975) Marital Separation. New York: Basic Books.

WEISS, R. S. (1979) Going It Alone. New York: Basic Books.

WEITZMAN, L. (1985) The Divorce Revolution: The Unexpected Social and Economic Consequences for Women and Children in America. New York: Free Press.

WHITE, L. K. (1979) "Sex differentials in the effect of remarriage on global happiness." Journal of Marriage and the Family 41: 869-876.

WHITE, L. K. and A. BOOTH (1985) "The quality and stability of remarriages: the role of stepchildren." American Sociological Review 50: 689-698.

WHITESIDE, M. F. (1981) "A family systems approach with families of remarriage." pp. 319-337 in I. R. Stuart and L. E. Abt (eds.) Children of Separation and Divorce. New York: Van Nostrand Reinhold.

WILLIAMS, F. R. and L. K. O'HERN (1979) "Second time around: relationship in second marriages." Presented at the annual meeting of the National Council on Family Relations, Boston, MA.

WILSON, K. L., L. A. ZURCHER, D. C. MacADAMS and R. L. CURTIS (1975) "Stepfathers and stepchildren: an exploratory analysis from two national surveys." Journal of Marriage and the Family, 37: 526-536.

WOLF, A. B. (1981) "Women, widowhood and fertility in pre-modern China," pp. 139-147 in J. Dupâquier et al. (eds.) Marriage and Remarriage in Populations of the Past. New York: Academic Press.

致謝

本書之得以完成，必須感謝許多人。首先，得感謝諸位不具名之校閱者，以及本迷你系列之兩位共同編者Rich Gelles及Alexa Albert，其評價助益匪淺。上述諸位不吝以溫和式的批評指出初稿的種種問題，並鼓勵我們繼續寫作。由於（我們認為）校閱者都是教授，年紀又遠超過年輕的讀者群，我們因而尤其得感謝如Rob, Peg, Shannon及Erika等人能夠如實將其母親的反應反映給我們（如：「滿無趣的」；「告訴我們，Dear Abby到底怎麼說？」；「工人（workman）補償金是個帶著性別歧視的字眼（因為職場上亦有workwoman，應以worker一詞為宜）」；「這一章的重點是什麼？」）。同時，也必須感謝John Crosby及Jerry Bigner對初版所提出的意見。最後，必須向不厭其煩地一再校閱各版的Irv致謝。技術性、磁碟編輯、參考目錄打字、以及因多次發現小錯卻必須更正以便及時付梓而一再影印等的繁瑣工作，得向Dorothy Casavant、Ruth Self及Anne Lewandowski致意。他們不屈不撓、善意體貼而游刃有餘。尤其要感謝Spokane郡中參與我們對再婚之研究的人。其合作及意願對再婚與繼養家庭所衍生的問題提供諸多洞見。同儕間的專業對話與智性交流，除了是股激勵的力量，也必然使本書在此方面研究上有其卓然地位。特別感謝S.R.C.D.中專研再婚與繼養家庭的成員：

Connie Ahrons、Glenn Clingempeel、Marilyn Coleman、Frank Furstenberg、Jr., Larry Ganong、E. Mavis Hetherington及Doris Jacobson。Jean Giles-Sims、Margaret Crosbie-Burnett，以及Emily和John Visher等同事亦曾提供寶貴意見。

再婚

家庭叢書 09

著　　者／Marilyn Ihinger-Tallman and Kay Pasley
校　　閱／郭靜晃
譯　　者／王慧玲
出 版 者／揚智文化事業股份有限公司
發 行 人／葉忠賢
總 編 輯／孟樊
執行編輯／蕭家琪
登 記 證／局版北市業字第 1117 號
地　　址／台北市新生南路三段 88 號 5 樓之 6
電　　話／(02)23660309(02)2366-0313
傳　　真／(02)23660310
E-mail ／tn605547@ms6.tisnet.net.tw
網　　址／http://www.ycrc.com.tw
印　　刷／偉勵彩色印刷股份有限公司
法律顧問／北辰著作權事務所　蕭雄淋律師
初版一刷／1999 年 6 月
定　　價／新台幣 200 元
原著書名／Remarriage

郵政劃撥／14534976
帳　　戶／揚智文化事業股份有限公司

✤本書如有缺頁、破損、裝訂錯誤，請寄回更換。

Printed in Taiwan
ISBN:957-818-008-X

國家圖書館出版品預行編目資料

再婚/Marilyn Ihinger-Tallman and Kay Pasley
著；王慧玲譯. -- 初版. -- 臺北市：揚智
文化，1999〔民 88〕
面； 公分. -- （家庭叢書； 9）
參考書目：面
譯自：Remarriage
ISBN:957-818-008-X（平裝）

1. 婚姻

544.383 88004968

心理學叢書

書　　　名		作／譯者	定價
A3001B	發展心理學	郭靜晃、吳幸玲/譯	550 元
A3002	諮商與心理治療的理論與實務(原書第五版)	李茂興/譯	650 元
A3003	諮商與心理治療的理論與實務—學習手冊	李茂興/譯	350 元
A3004A	人際溝通	李燕、李浦群/譯	600 元
A3005	生涯發展的理論與實務	吳芝儀/譯	600 元
A3006	團體諮商的理論與實務	張景然、吳芝儀/譯	600 元
A3007	組織行為(精華版)	李茂興/等譯	450 元
A3011	心理學(合訂本)	郭靜晃/等著	600 元
A3014	人際關係與溝通	曾端真、曾玲珉/譯	500 元
A3015	兩性關係—性別刻板化與角色	劉秀娟、林明寬/譯	700 元
A3016	人格理論	丁興祥/校閱	550 元
A3017	人格心理學	林宗鴻/譯	650 元
A3019	人際傳播	沈慧聲/譯	550 元

心理學叢書

書　　　　　　　名		作　/　譯　者	定價
A3020	心理學新論	高尚仁/編著	500元
A3021	適應與心理衛生—人生週期之常態適應	俞筱鈞/譯	500元
A3022B	兩性關係與教育(第二版)	劉秀娟/著	450元
A3023	小團體動力學	林昆輝/著	280元
A3024	家族治療理論與技術	翁樹澍、王大維/譯	650元
A3026	情緒管理	蔡秀玲、楊智馨/著	350元
P1001	社會心理學	李茂興、余伯泉/譯	700元
A3305	團體技巧	曾華源、胡慧嫈/譯	300元
A3307	跨越生活危機—健康心理管理	曾華源、郭靜晃/譯	450元
A3106	生涯規劃自己來—做自己生涯交響樂團的指揮家	洪鳳儀/著	250元
A6003	工業組織心理學	施貞仰/譯	500元

愛彌兒叢書

書　名		作／譯者	定價
A2001	兒童遊戲—遊戲發展的理論與實務	郭靜晃/譯	300 元
A2002	兒童發展—心理社會理論與實務	郭靜晃、吳幸玲/譯	380 元
A2003A	幼兒保育概論	黃志成/著	400 元
A2004	兒童道德教育	李奉儒/譯	200 元
A2005	幼兒文學	吳幸玲/校閱 墨高君/譯	350 元
A2006	親職教育	邱書璇/譯	500 元
A2007	幼兒的發展與輔導	黃志成、王淑芬/著	250 元
A2008	幼兒教育	郭靜晃、陳正乾/譯	600 元

現代生活系列

書名		作/譯者	定價
A3101B	抉擇—生命的喜悅	俞筱鈞/譯	200元
A3102	怡然相處—傾聽自己的感覺	俞筱鈞/譯	300元
A3103	命運與人生	楊士毅/著	250元
A3104	命運與姻緣	楊士毅/著	250元
A3105	愛、婚姻、家庭—差異衝突與和諧	楊士毅/著	250元
A3106	生涯規劃自己來—做自己生涯交響樂團的指揮家	洪鳳儀/著	250元
A3107	漂亮過一生	黃巧巧/著	180元
A3108	最好的朋友	張若婷/譯	250元
A3109	生活在愛中	俞筱鈞/著	200元
A3110	開啟美德世界的寶藏	盧國慶/著	280元